AF595259

CODE GÉNÉRAL

DES

LOIS FRANÇAISES.

SUPPLÉMENT DE 1866.

ANNOTATIONS.

Après avoir recueilli toutes les lois et les décrets usuels d'intérêt général promulgués depuis notre Supplément de 1865, nous avons recherché dans le Code les dispositions antérieures qui pouvaient être abrogées, modifiées ou remplacées par ces nouveaux textes.

Les annotations ou références que nous allons indiquer sont le résultat de ce travail. Si elles sont faites avec soin, suivant nos indications, par chacun des abonnés, qui peuvent, au reste, sans difficulté, les confier à un clerc ou à toute autre personne, leur Code se trouvera toujours au courant de la législation nouvelle, comme nous l'avons annoncé dans notre Introduction (p. XI).

Pour éviter à chacun d'eux de perdre un temps précieux, nous avons voulu borner ce petit travail annuel à l'inscription d'un numéro dans chaque partie des textes anciens affectés par les lois nouvelles.

Ces numéros, une fois inscrits à la place indiquée ci-après, ne représenteront rien autre chose que les renvois des notes ordinaires. Seulement, tandis que les chiffres des notes ordinaires renvoient les lecteurs au bas de la page, ceux-ci les renverront au Supplément, où se trouveront, sous le numéro indiqué, les dispositions nouvelles concernant la loi ou l'article de loi qu'ils auront à consulter.

Pages. **1re partie.**

7. En marge des art. 40, 41 de la Constitution, *inscrire*. . . . S. n° 782.
11. En marge de l'art. 14 du S. C. du 25 décembre 1852, *inscrire*. S. n° 782.
18. En marge de l'art. 5 du décret du 2 février 1852, *inscrire*.. . S. n° 746.
28. Au bas de la section, *inscrire*. . . . . S. n°s 780, 746, 722.

49. Au bas de la section, *inscrire*. . . . . S. n° 752.
76. Au bas de la section, *inscrire* . . . . S. n° 783.
80. Au bas de la section, *inscrire* . . . . S. n° 735.
92. En marge de l'art. 14, du décret du 28 sept. 1807, *inscrire*. S. n° 788.
98. Au bas de la section, *inscrire*. . . . . S. n°s 753, 738, 778.
98. Au bas de la section, *inscrire*. . . . . S. n° 788.
110. En marge de l'art. 9 du décret du 17 février 1852, *inscrire* . . S. n° 782.

2e partie.

4. En marge de l'art. 9 du Code Napoléon, *inscrire*. . . . . . S. n° 238.
5. En marge de l'art. 21 du Code Napoléon, *inscrire*. . . . . S. n° 786.
14. En marge des art. 151, 152, 153, C. N., *inscrire*. . . . . S. n° 537.
173. Au bas de la section, *inscrire*. . . . . S. n° 786.
376. En marge du tableau, *inscrire* . . . . S. n° 779.
378. En marge de l'art. 65 de la loi du 28 avril 1816, *inscrire*. . . S. n° 785, art. 4.
390. Au bas de la section, *inscrire* . . . . S. n° 723.
390. Au bas de la section, *inscrire*. . . . . S. n° 770.

3e partie.

7. En marge des art. 74 et suivants du Code de commerce, *inscrire*. S. n° 784.
9. En marge du titre 7 du Code de commerce, *inscrire*. . . . . S. n° 771.
58. Au bas de la section, *inscrire* . . . . S. n° 771.
75. Au bas de la section, *inscrire*. . . . . S. n° 736.
81. En marge de la loi du 8 mai 1791.—Loi du 28 vent. an IX, *inscrire*. S. n° 784.
84. En marge du décret du 22 novembre 1811. . . . . S. n° 784.
87. Au bas de la section, *inscrire* . . . . S. n° 784.
111. En marge de la loi du 19 juillet 1793, *inscrire*. . . . . . S. n° 767.
119. Au bas de la section, *inscrire*. S. n°s 734, 733, 745, 747, 748, 749, 751, 767, 780.
123. En marge de l'art. 1er du décret du 9 sept. 1848, *inscrire* . . S. n° 750.
123. En marge du décret du 19 décembre 1848, *inscrire*. . . . . S. n° 744.
126. Au bas de la section, *inscrire*. . . . . S. n°s 744, 750, 754.
141. Au bas de la section, *inscrire* . . . . S. n°s 730, 763.
149. En marge de : 4e classe, *inscrire*. . . . . S. n° 785, art. 20.
155. En marge du : tableau B . . . . S. n° 785, art. 20.
158. En marge de : 5e partie, droit proportionnel au 15e, *inscrire*. S. n° 785, art. 20.
162. En marge du tableau E, *inscrire*. . . . . S. 785. art. 20.
192. Au bas de la section, *inscrire* . . . . S. n°s 761, 768, 769, 772.
225. Au bas de la section, *inscrire*.. . . . . S. n°s 725, 726, 727, 734, 739.

4e partie.

3. En marge des articles 5, 6, 7 du Code d'instruct. crimin., *inscrire*. S. n° 773.
17. En marge de l'art. 187 d'instruction criminelle, *inscrire*. . . S. n° 773.
59. Au bas de la section, *inscrire*. . . . . S. n° 773.
74. En marge de l'art. 499 de la loi du 1er mars 1854, *inscrire*. . S. n° 721.
128. En marge de l'art. 425 du Code pénal, *inscrire*. . . . . S. n° 767.
131. En marge de la loi du 30 mai 1854, *inscrire*. . . . . . S. n° 757.
145. En marge de l'ordonnance du 23 février 1837, *inscrire*. . . . S. n° 728.
152. Au bas de la section, *inscrire*. . . . . S. n°s 728, 757, 768, art. 1er, 769, 787.

5e partie.

41. Au bas de la section, *inscrire*. . . . . S. n° 773.
48. Au bas de la section, *inscrire*. . . . . S. n° 773.
61. Au bas de la section, *inscrire*. . . . . S. n°s 732, 743, 775.
112. En marge de l'art. 35 de la loi du 21 avril 1810, *inscrire*. . S. n° 774.
113. En marge des art. 59 à 67, *inscrire*. . . . . S. n° 766, art. 2.
113. En marge des art. 57, 58 de la loi du 21 avril 1810, *inscrire*. S. n° 766, art. 3.
114. En marge des art. 73 à 78, *inscrire*. . . . . S. n° 766, art. 1er.
114. En marge des art. 79 et 80, *inscrire* . . . . S. n° 766, art. 2.
117. En marge de l'art. 33 du décret du 6 mai 1811, *inscrire*. . . S. n° 774.
125. Au bas de la section, *inscrire*. . . . . S. n°s 766, 774.
155. En marge de la note 2, *inscrire*. . . . . S. n° 741.
157. En marge du titre 5 de la loi du 15 avril 1829, *inscrire*.. . . S. n° 773.
159. En marge du titre 7 de la loi du 15 avril 1829, *inscrire*. . . . S. n° 773.
161. Au bas de la section, *inscrire*. . . . . S. n°s 773, 740, 729, 741.

Voir la suite des annotations à la page 3 de la couverture.

SUPPLÉMENT.

ANNÉE 1866.

719

7 décembre 1835 (1). — *Ordonnance sur le prêt à intérêt dans les possessions françaises du nord de l'Afrique.*

ART. 1er. Dans les possessions françaises au nord de l'Afrique, la convention sur le prêt à intérêt fait la loi des parties.

2. L'intérêt légal, à défaut de convention et jusqu'à ce qu'il en soit autrement ordonné, sera de dix pour cent, tant en matière civile qu'en matière de commerce.

720

11 novembre 1849. — *Décret qui supprime l'arrêté du 4 novembre 1848.*

ART. UNIQUE. L'arrêté du chef du pouvoir exécutif du 4 novembre 1848, est rapporté; l'ordonnance du 7 décembre 1835 (2) continuera à recevoir son exécution en Algérie.

721

1er mars 1854 (11e série, n° 1259).—*Décret portant règlement sur l'organisation et le service de la gendarmerie.*

ART. 537. Les officiers de tous grades de la gendarmerie ne peuvent se marier sans en avoir obtenu préalablement l'autorisation du ministre de la guerre.

538. . . . .

539. Les sous-officiers, brigadiers et gendarmes ne peuvent également se marier sans en avoir obtenu la permission du conseil d'administration de la compagnie à laquelle ils appartiennent, approuvée par le chef de la légion (3).

722

1er février 1858 (11e série, n° 5253). — *Lettres patentes qui confèrent à Sa Majesté l'Impératrice le titre de Régente, pour porter ledit titre et en exercer les fonctions à partir de l'avénement de l'Empereur mineur.*

723

28 juin 1861 (11e série, n° 9208). — *Loi portant fixation du budget de l'exercice 1862.*

. . . .

ART. 17. Le délai pour faire enregistrer les procès-verbaux des ventes publiques de marchandises faites par les courtiers est fixé à dix jours.

724

1er octobre 1864 (11e série, n° 12,668). — *Décret qui ajoute la coque du Levant aux substances vénéneuses dont le tableau est annexé au décret du 8 juillet 1850 (1), relatif à la vente desdites substances.*

725

26 août 1865 (11e série, n° 13,621). — *Décret impérial qui déclare les dispositions du traité de commerce conclu, le 7 juillet 1865, avec les Pays-Bas, applicables à l'Angleterre, à la Belgique, au Zollverein, à l'Italie, à la Suisse, aux royaumes-unis de Suède et de Norwége, aux villes libres et anséatiques de Brême, Hambourg et Lubeck et au grand-duché de Mecklenbourg-Schwerin.*

726

26 août 1865 (11e série, n° 13,622). — *Décret impérial portant que les dispositions des traités de commerce conclus, le 4 mars 1865, avec les villes de Brême, Hambourg et Lubeck, et, le 9 juin 1865, avec le grand-duché de Mecklenbourg-Schwerin, sont applicables aux Pays-Bas.*

727

26 août 1865 (11e série, n° 13,623).—*Décret impérial portant que les dispositions de la convention de commerce conclue entre la France et l'Espagne, le 18 juin 1865, sont applicables aux Pays-Bas.*

(1) Cette ordonnance, abrogée par un arrêté du 4 nov. 1848, a été remise en vigueur par un décret du 11 nov. 1849. V. Supp., n° 720.

(2) Cet arrêté n'a jamais été inséré au *Bulletin des lois*. Toutefois, comme il a été publié au *Bulletin officiel de l'Algérie*, et qu'il est en pleine vigueur, nous le rapportons.

(3) Les autres articles de ce décret sont rapportés, 4e part., p. 65 et suiv.

(1) V. 5e part., p. 342.

728

26 août 1865 (11e série, no 13,644). — *Décret impérial qui exempte de la prohibition prononcée par l'ordonnance du 23 février 1837 les pistolets de poche, révolvers ou autres, fabriqués pour l'exportation.*

ART. 1er. La prohibition prononcée par l'ordonnance du 23 février 1837 (1) ne s'applique pas aux pistolets de poche, révolvers ou autres, fabriqués pour l'exportation.

2. Ceux qui voudront se livrer à cette fabrication devront obtenir préalablement l'autorisation du ministre de l'intérieur, auquel appartiennent, en cette matière, les attributions conférées au ministre de la guerre, en ce qui touche les armes de guerre, par le décret impérial du 6 mars 1864 (2), et se conformer, d'ailleurs, aux dispositions des articles 1, 2, 4, 5, 6, 7, 9 et 18 de ce décret.

3. En cas de péremption des délais fixés dans l'article 18 pour le transport au lieu de destination, pour la sortie, le récépissé du préfet du département expéditeur est présenté au préfet du département auquel appartient la douane de sortie, et revêtu par ce fonctionnaire de l'autorisation de passer outre.

729

26 août 1865 (11e série, no 13659). — *Décret impérial qui détermine le mode de vérification de la dimension des mailles des filets et de l'espacement des verges des nasses autorisés pour la pêche de chaque espèce de poisson.*

730

26 août 1865 (11e série, no 13,660).—*Décret impérial qui range dans la seconde classe des établissements réputés insalubres ou incommodes les fabriques de chlorures alcalins ou eaux de javelle.*

731

26 août 1865 (11e série, no 13,682).—*Décret impérial qui rend exécutoires en Algérie les articles 6, 7, 8, 9, 10 et 11 de la loi du 23 juin 1857* (3) *et les décrets des 17 juillet 1857* (4) *et 11 décembre 1864* (5), *relatifs au droit de transmission sur les actions et obligations des sociétés, compagnies et entreprises françaises ou étrangères.*

732

5 septembre 1865 (11e série, no 13,645).—*Décret relatif à l'importation, en France, des animaux domestiques dont l'entrée présenterait des dangers au point de vue du typhus contagieux des bêtes à cornes.*

ART. 1er. L'importation, en France, des animaux domestiques dont l'entrée présenterait des dangers au point de vue du typhus contagieux pourra être interdite ou subordonnée à telles mesures qui pourraient être nécessaires pour prévenir l'invasion de la maladie.

2. Des arrêtés de notre ministre de l'agriculture, du commerce et des travaux publics détermineront les frontières ou portions de frontières où l'introduction et le passage en transit des animaux domestiques pourront être interdits, et les conditions auxquelles cette introduction et ce passage pourront être autorisés.

733

9 septembre 1865 (11e série, no 13,653).—*Décret impérial portant promulgation de la convention conclue, le 5 juillet 1865, entre la France et le duché de Nassau, pour la garantie réciproque de la propriété des œuvres d'esprit et d'art.*

734

27 septembre 1865 (11e série, no 13,703).— *Décret impérial qui approuve l'acte d'acceptation, par la France, de l'accession du Grand-Duché de Mecklenbourg-Strélitz au Traité de commerce et de navigation, à la convention littéraire et au protocole de clôture conclus, le 9 juin 1865, entre la France et le Grand-Duché du Mecklenbourg-Schwérin.*

735

25 octobre 1865 (11e série, no 13,772). — *Décret impérial qui rétablit les fonctions de secrétaire général dans soixante et une préfectures.*

736

25 octobre 1865 (11e série, No 13,773). — *Décret impérial portant que les deux catégories du tarif des chancelleries consulaires seront supprimées à partir du 1er janvier 1866 et remplacées par le tarif y annexé.*

737

17 novembre 1865 (11e série, no 13,851). — *Décret impérial portant règlement d'administration publique, pour l'exécution de l'article 10 de la loi du 21 juin 1865* (1), *sur les associations syndicales.*

ART. 1er. Lorsqu'il y a lieu d'ouvrir une enquête sur une entreprise d'amélioration agricole et sur un projet d'association, par application de l'art. 10 de la loi du 21 juin 1865 (2), sur les associations syndicales, le préfet prend un arrêté pour prescrire cette enquête.

2. Le projet d'association détermine :

1° Le minimum d'étendue de terrain ou d'intérêt qui donne droit à chaque propriétaire de faire partie de l'assemblée générale des intéressés ;

2° Le maximum de voix à attribuer à un même propriétaire ou à chaque usinier et le maximum de voix attribué aux usiniers réunis ;

(1) V. 4e partie, p. 145.
(2) V. Supp. de 1864, no 339.
(3) V. Supp. de 1857 no 63.
(4) V. Supp. de 1857, no 66.
(5) V. Supp. de 1865, no 622.

(1) V. Supp. de 1865, n. 685.
(2) V. Supp. de 1865, n. 685.

3° Les bases de la répartition des dépenses de l'entreprise;

4° Le nombre des syndics à nommer, leur répartition, s'il y a lieu, entre diverses catégories d'intéressés et la durée de leurs fonctions.

3. Le projet d'association, les plans et devis des travaux, étudiés d'office par les ordres du préfet ou sur l'initiative des intéressés, sont déposés à la mairie de la commune sur le territoire de laquelle les travaux doivent être exécutés. Si les travaux s'étendent sur plusieurs communes, le préfet désigne celle de ces communes où les pièces doivent être déposées.

4. Aussitôt après la réception de l'arrêté préfectoral qui ordonne l'ouverture de l'enquête, avis du dépôt des pièces est donné à son de trompe ou de caisse et une affiche contenant les énonciations prescrites par la loi est apposée à la porte de la mairie et dans un lieu apparent, près ou sur les portes de l'église.

5. Indépendamment de ces publications, notification du dépôt des pièces est faite par voie administrative à chacun des propriétaires dont les terrains sont compris dans le périmètre intéressé aux travaux ; il est gardé original de cette notification; en cas d'absence, la notification prescrite est faite aux représentants des propriétaires ou à leurs fermiers et métayers, et, à défaut de représentants ou fermiers, elle est laissée à la mairie.

L'acte de notification invite les propriétaires à déclarer, dans les délais et dans les formes ci-après déterminés, s'ils consentent à concourir à l'entreprise.

Ces notifications doivent être faites au plus tard dans les cinq jours qui suivent l'ouverture des enquêtes.

6. Pendant vingt jours, à partir de l'ouverture de l'enquête, il est déposé dans chacune des mairies intéressées un registre destiné à recevoir les observations soit des propriétaires compris dans le périmètre, soit de tous autres intéressés.

7. Le préfet désigne dans l'arrêté qui ordonne l'enquête un commissaire choisi parmi les notables propriétaires, agriculteurs ou industriels, parmi les membres du conseil général ou parmi les juges de paix des cantons traversés par les travaux. Ledit commissaire ne doit avoir aucun intérêt personnel à l'opération projetée.

8. A l'expiration de l'enquête dont les formalités sont certifiées par les maires de chaque commune, le commissaire recevra pendant trois jours consécutifs, à la mairie de la commune désignée par le préfet et aux heures indiquées par lui, les déclarations des intéressés sur l'utilité des travaux projetés.

Après avoir clos et signé le registre de ces déclarations, le commissaire les transmettra immédiatement au préfet avec son avis motivé et avec les autres pièces de l'instruction qui auront servi de base à l'enquête.

738

21 novembre 1865 (11e série, n° 14,046). — *Décret impérial portant : 1° que les fonctions de receveur général et de payeur dans chaque département de l'Empire sont réunies et confiées à un fonctionnaire qui prendra le titre de* Trésorier Payeur général; *2° que les trésoriers payeurs généraux seront substitués aux droits et obligations attribués aux receveurs généraux et aux payeurs.*

739

2 décembre 1865 (11e série, n° 13,840).— *Décret impérial portant promulgation de la convention relative à l'union douanière et aux rapports de voisinage entre la France et la principauté de Monaco, conclue le 9 novembre 1865.*

740

2 décembre 1865 (11e série, n° 13,876). — *Décret impérial qui détermine la gratification à accorder aux rédacteurs des procès-verbaux ayant pour objet de constater les délits de pêche* (1).

ART. 1er. La gratification accordée aux agents qui auront constaté les délits en matière de pêche est fixée au tiers de l'amende prononcée contre les délinquants et recouvrée, sans pouvoir toutefois excéder, pour chaque condamnation, la somme de cinquante francs (50 fr.).

2. La gratification sera directement acquittée entre les mains de l'ayant droit par le receveur de l'enregistrement, suivant le mode actuel et les règles de la comptabilité publique.

741

2 décembre 1865 (11e série, n° 13,877). — *Décret impérial portant que la partie de la Rille comprise entre Pont-Audemer et Montfort cessera d'être classée parmi les rivières navigables et flottables.*

742

5 décembre 1865 (11e série, n° 13,984). — *Décret impérial concernant les étudiants en médecine qui se sont signalés par leur dévouement au soulagement des malades atteints par le choléra.*

ARTICLE UNIQUE. Il sera accordé aux étudiants en médecine qui seront signalés à notre ministre de l'instruction publique par les préfets des départements pour leur dévouement au soulagement des malades atteints par le choléra, la gratuité totale ou partielle des droits qui leur restent à acquitter pour l'achèvement de leurs études médicales et l'obtention du diplôme auquel ils prétendent.

743

5 décembre 1865 (11e série, n° 13,849). — *Décret impérial qui rend applicable à tous les quadrupèdes autres que le cheval, l'âne, le mulet et le chien, les mesures indiquées dans le décret du 5 septembre 1865* (2), *relatif à l'importation, en France, des animaux domestiques dont l'entrée présenterait des dangers au point de vue du* typhus contagieux des bêtes à cornes.

744

30 décembre 1865 (11e série, n° 13,938). — *Décret impérial portant règlement pour les écoles impériales d'arts et métiers.*

745

13 janvier 1866 (11e série, n° 13,932. — *Décret impérial portant promulgation de la Conven-*

(1) V. Supp. de 1865, n° 665, l'art. 10 de la loi du 31 mai 1865.

(2) V. Supp. de 1866, n° 732.

tion conclue, le 19 juillet 1865, entre la France et le Hanovre, pour la garantie réciproque de la propriété des œuvres d'esprit et d'art.

746

13 janvier 1866 (11e série, n° 13,943).— *Décret impérial qui porte à vingt jours le délai fixé pour les demandes en inscription ou en radiation sur les listes électorales.*

ART. 1er. Le délai fixé par l'article 5 du décret réglementaire du 2 février 1852 (1), pour les demandes en inscription ou en radiation sur les listes électorales, est porté à vingt jours, à compter de la publication desdites listes.

2. L'article précité du décret réglementaire du 2 février 1852 est rapporté.

747

27 janvier 1866 (11e série, n° 13,955). — *Décret impérial qui approuve l'acte d'acceptation par la France de l'accession de la principauté de Lippe à la convention littéraire conclue entre la France et la Prusse, le 2 août 1862.*

748

27 janvier 1866 (11e série, n° 13,956). — *Décret impérial qui approuve l'acte d'acceptation par la France de l'accession du duché d'Anhalt à la convention littéraire conclue entre la France et la Prusse, le 2 août 1862.*

749

27 janvier 1866 (11e série, n° 13,957).— *Décret impérial qui approuve l'acte d'acceptation par la France de l'accession de la principauté de Schaumbourg-Lippe à la convention littéraire conclue entre la France et la Prusse, le 2 août 1862.*

750

31 janvier 1866 (11e série, n° 13,995). — *Décret impérial relatif à la durée du travail effectif dans les ateliers de filature de soie.*

ARTICLE UNIQUE. Par exception à la limitation établie dans l'art. 1er de la loi du 9 septembre 1848 (2), la durée du travail effectif dans les ateliers de filature de soie pourra être prolongée d'une heure par jour pendant soixante jours, du 1er mai au 1er septembre.

751

3 février 1866 (11e série, n° 13,964). — *Décret impérial portant promulgation de la convention conclue, le 16 décembre 1865, entre la France et le grand-duché de Luxembourg, pour la garantie réciproque de la propriété des œuvres d'esprit et d'art.*

(1) V. 1re partie, p. 18.
(2) V. 3e part., p. 123.

752

14 février 1866 (11e série, n° 14,017). — *Décret impérial concernant les aumôniers militaires.*

ART. 1er. — Les aumôniers militaires qui sont attachés aux hôpitaux et autres établissements militaires à l'intérieur et en Algérie, ou ceux qui sont chargés, en temps de guerre, du service religieux des armées et corps d'armée, sont placés, pour tout ce qui concerne leur service administratif, sous la direction et la surveillance d'un aumônier en chef.

2. L'aumônier en chef est nommé par Nous, après avis de notre grand aumônier, sur la proposition de notre ministre de la guerre. Il donne son avis à notre ministre de la guerre sur tout ce qui concerne le personnel et le service des aumôniers militaires; il lui soumet les instructions qui leur sont adressées et correspond, au nom du ministre, avec notre grand aumônier et avec les évêques diocésains.

3. Pour la solde, les accessoires de solde, les indemnités réglementaires, les préséances et la pension de retraite, l'aumônier en chef est assimilé à un intendant militaire.

4. Les aumôniers militaires sont nommés par notre ministre de la guerre.

A l'intérieur et en Algérie, ils demeurent sous l'autorité spirituelle de l'évêque dans le diocèse duquel ils exercent leurs fonctions. Hors du territoire de l'Empire, ils tiennent leurs pouvoirs spirituels de notre grand aumônier et sont placés sous son autorité.

5. Il sera pourvu, dans notre armée, selon les besoins régulièrement constatés, au service des cultes non catholiques légalement reconnus. Des ministres de ces cultes présentés, sous l'approbation de notre garde des sceaux, ministre de la justice et des cultes, par l'autorité religieuse dont ils relèvent, seront nommés par notre ministre de la guerre, pour assister leurs coreligionnaires en campagne.

6. Toutes dispositions contraires au présent décret sont et demeurent abrogées.

753

28 février 1866 (11e série, n° 14,048). — *Décret impérial portant que les trésoriers payeurs généraux supporteront, sur la moitié de leurs émoluments de toute nature, les retenues prescrites par l'art. 3 de la loi du 9 juin 1853 (1) pour le service des pensions.*

ARTICLE UNIQUE. Les trésoriers payeurs généraux des finances supporteront sur la moitié de leurs émoluments de toute nature les retenues prescrites par l'art. 3 de la loi du 9 juin 1853 (1) pour le service des pensions, l'autre moitié étant considérée comme indemnité de loyer et de frais de bureau.

754

3 mars 1866 (11e série, n° 14,079). — *Décret impérial portant que les marchandises y désignées sont comprises au tableau de celles qui peuvent être vendues en gros aux enchères publiques, conformément à la loi du 28 mai 1858 (2), dans la ville de Marseille.*

ARTICLE UNIQUE. Les [illegible] de vers à soie sont

(1) V. 5e partie, p. 275.
(2) V. Suppl. de 1858, n° 108

comprises au tableau des marchandises qui peuvent être vendues en gros aux enchères publiques, conformément à la loi du 28 mai 1858 (1) dans la ville de Marseille (Bouches-du-Rhône).

755

17 mars 1866 (11e série, n° 14,091). — *Décret impérial portant qu'en territoire militaire la juridiction des juges de paix de l'Algérie, tant en matière civile qu'en matière de simple police, s'étend aux Européens, israélites, indigènes et musulmans naturalisés, établis dans l'étendue du cercle où réside le magistrat civil.*

756

24 mars 1866 (11e série, n° 14,099). — *Décret impérial qui détermine le ressort des justices de paix de Dellys, de Tizou-Ouzou, de Misserghin, de Tiaret, de Souk-Arrhas, del-Arrouch, d'Aïn-Beïda et de Biskra.*

757

24 mars 1866 (11e série, n° 14,151).—*Décret impérial relatif au mariage des condamnés transportés dans les colonies françaises.*

ART. 1er. Les individus condamnés aux travaux forcés et transportés dans les établissements pénitentiaires créés dans les colonies françaises, en vertu de la loi du 30 mai 1854 (2), et les personnes condamnées subissant leur peine dans les maisons centrales de France, qui auront demandé à être transférées dans ces colonies, sont, s'ils veulent y contracter mariage, dispensés des obligations imposées par les articles 151, 152 et 153 du Code Napoléon.

2. Les publications faites dans la colonie seront suffisantes pour la régularité du mariage, même dans le cas où le domicile des parties ne serait pas établi par un séjour de six mois.

3. Les actes de l'état civil exigés par le Code Napoléon pour pouvoir contracter mariage pourront être remplacés, soit par un certificat délivré par l'autorité judiciaire du lieu de condamnation, soit, à défaut, par un acte de notoriété.

758

28 mars 1866 (11e série, n° 14,111). — *Décret impérial qui modifie l'article 13 du décret du 31 décembre 1853 (3), concernant les Écoles primaires.*

ARTICLE UNIQUE. L'article 13 du décret du 31 décembre 1853 (3) est remplacé par la disposition suivante :

« Lorsque la liste des élèves gratuits, dressée en « exécution des articles 24 et 45 de la loi du 15 mars « 1850 (4) et de l'article 10 du décret du 7 octobre « 1850 (5), par le maire et les ministres des différents « cultes et approuvée par le conseil municipal, a été « arrêtée par le préfet, il en est délivré par le « maire un extrait, sous forme de billet d'admission, « à chaque enfant qui y est porté.

« Aucun élève ne peut être reçu gratuitement dans « une école communale, s'il ne justifie d'un billet « d'admission délivré par le maire. »

759

28 mars 1866 (11e série, n° 14,139). — *Décret impérial portant règlement d'administration publique pour l'exécution de la loi du 21 juin 1865 (1), sur l'organisation de l'enseignement secondaire spécial.*

SECTION Ire.

DU PERSONNEL ENSEIGNANT.

ART. 1er. Il est institué un ordre particulier d'agrégation pour l'enseignement secondaire spécial.

Les agrégés sont nommés à la suite d'épreuves publiques.

Les formes et conditions des épreuves de l'agrégation pour l'enseignement spécial sont déterminées par un règlement délibéré en conseil impérial de l'instruction publique, après avis du conseil supérieur de perfectionnement.

2. Une indemnité annuelle de quatre cents francs peut être accordée aux agrégés qui se trouvent momentanément sans emploi.

Elle peut l'être également à ceux qui sont pourvus d'une nomination ministérielle, lorsque leur traitement fixe et éventuel est inférieur à mille huit cents francs.

Lorsque le traitement est égal ou supérieur à mille huit cents francs, l'indemnité jointe au traitement ne peut excéder deux mille deux cents francs.

3. Les professeurs titulaires de l'enseignement secondaire spécial dans les lycées sont pris exclusivement, soit parmi les agrégés de l'enseignement secondaire spécial, soit parmi les agrégés de tout ordre de l'enseignement secondaire.

4. Peuvent être nommés maîtres élémentaires, maîtres répétiteurs et aspirants répétiteurs de l'enseignement secondaire spécial dans les lycées, les candidats pourvus du brevet de capacité institué par l'article 6 de la loi du 21 juin 1865 (2) et les instituteurs primaires.

5. Les professeurs titulaires, les professeurs divisionnaires, les chargés de cours et les maîtres élémentaires des lycées, attachés à l'enseignement secondaire classique, peuvent être, en outre, appelés à concourir à l'enseignement spécial, jusqu'à concurrence du nombre d'heures de service auquel ils sont tenus par les règlements.

SECTION II.

DES TRAITEMENTS, DES PENSIONS, BOURSES ET SUBVENTIONS.

. . . .

760

28 mars 1866 (11e série, n° 14,140). — *Décret impérial qui crée une École normale destinée à former des maîtres pour l'enseignement secondaire spécial.*

---

(1) V. Supp. de 1858, n° 108.
(2) V. 4e partie, p. 151.
(3) V. 5e partie, p. 320.
(4) V. 5e partie, p. 299.
(5) V. 5e partie, p. 309.

(1) V. Supplément de 1865, n° 684.
(2) V. Supplément de 1865, n° 684.

Art. 1er. Il est créé une école normale destinée à former des maîtres pour l'enseignement secondaire spécial.

2. Il est pourvu au recrutement de cette école au moyen de bourses fondées par l'État, par les départements, par les communes ou par les particuliers.

L'école reçoit, en outre, des élèves payants, moyennant un prix de pension déterminé par le ministre de l'instruction publique.

3. Les candidats aux bourses et les élèves payants doivent remplir les conditions suivantes :

1° Avoir au moins dix-huit ans accomplis et au plus vingt-cinq ans au 1er octobre de l'année dans laquelle ils se présentent ;

2° Justifier, soit du brevet primaire complet ou du diplôme institué par l'article 4 de la loi du 21 juin 1865 (1), soit du certificat d'admissibilité à l'école centrale des arts et manufactures, soit du diplôme de bachelier ès lettres ou ès sciences ;

3° Avoir subi avec succès les épreuves d'un concours ou d'un examen sur les matières choisies par le ministre, après avis du conseil supérieur de perfectionnement, le conseil impérial de l'instruction publique entendu, parmi celles qui sont énumérées dans la partie facultative de l'article 23 de la loi du 15 mars 1850 (2) et dans l'article 9 de la loi du 21 juin 1865.

4. Le concours ou l'examen s'effectue au chef-lieu du département ou dans une autre localité du même département désignée par le ministre.

Il comprend des épreuves écrites et des épreuves orales.

Les épreuves écrites, faites sous la surveillance de l'inspecteur d'académie ou de son délégué, sont au nombre de trois.

Les résultats de l'examen oral sont consignés dans un rapport qui est joint aux compositions des candidats.

5. Les bourses fondées par l'État sont données au concours; la liste des concurrents est arrêtée par le ministre.

6. Les conseils généraux et les conseils municipaux ont la faculté d'opter, pour l'attribution des bourses fondées par les départements et par les communes, entre le concours ou l'examen mentionnés au paragraphe 3 de l'article 3. Ils déterminent d'ailleurs les autres conditions d'admission et le mode de nomination des boursiers.

Les particuliers ont la même faculté pour les bourses qu'ils fondent.

7. Les élèves payants peuvent être dispensés par le ministre des justifications exigées par le numéro 2 de l'article 3 du présent décret.

Pendant les cinq années qui suivent l'ouverture de l'école normale, le ministre peut autoriser l'admission des élèves payants après l'âge de vingt-cinq ans.

8. Le ministre arrête, chaque année, la liste, par ordre de mérite, des candidats admis à l'école normale de l'enseignement secondaire spécial.

9. Le cours d'études est de deux ans, au bout desquels les élèves devront avoir subi avec succès les épreuves du brevet de capacité. Il peut être accordé une troisième année aux élèves qui se préparent à l'agrégation de l'enseignement secondaire spécial.

10. Les dispositions de l'art. 79 de la loi du 15 mars 1850 (3) sont applicables aux élèves de l'école normale de l'enseignement secondaire spécial.

(1) V. Suppl. de 1865, n° 684.
(2) V. 5e part., p. 299.
(3) V. 5e part., p. 303.

761

7 avril 1866 (11e série, n° 14,132). — *Décret impérial qui prescrit la publication de l'acte public relatif à la navigation des embouchures du Danube, signé à Galatz, le 2 novembre 1865.*

762

11 avril 1866 (11e série, n° 14,141).— *Décret impérial portant règlement pour les écoles impériales vétérinaires.*

TITRE Ier.

Art. 1er. Les écoles impériales d'Alfort, de Lyon et de Toulouse ont pour objet de former des vétérinaires.

Elles sont placées sous l'autorité du ministre de l'agriculture, du commerce et des travaux publics, et sous la surveillance des préfets des départements où elles sont établies.

2. Les écoles vétérinaires ne reçoivent que des élèves internes, français ou étrangers.

Le nombre maximum que chacune d'elles peut admettre est fixé par le ministre.

3. Il est attribué à chaque département deux demi-bourses, qui sont données par le ministre sur la proposition du préfet. Pour l'application de ces demi-bourses, les départements sont répartis en trois divisions, une pour chaque école, et les demi-bourses départementales ne peuvent être données dans chaque établissement qu'à des élèves des départements dont se compose sa circonscription.

Le ministre dispose, en outre, directement de soixante-huit demi-bourses dites *ministérielles*, qu'il répartit entre les trois écoles, suivant les règles énoncées en l'article 13.

Le ministre dispose aussi, et d'après les mêmes règles, des demi-bourses affectées à des départements qui ne présenteraient pas de candidats admissibles.

4. Le prix de la pension est de quatre cent cinquante francs par an, payables par trimestre et d'avance dans une caisse publique.

Tous les élèves, boursiers ou payant pension, sont obligés de se procurer, à leurs frais, les effets de trousseau, ainsi que les livres et instruments nécessaires à leur instruction, dont l'état est arrêté par le ministre et indiqué au programme.

5. Les élèves portent un uniforme dont le modèle est arrêté par le ministre.

Ils ne peuvent modifier cet uniforme dans aucune de ses parties, même lorsqu'ils le portent au dehors de l'école.

TITRE II. — MODE ET CONDITIONS D'ADMISSION DES ÉLÈVES.

6. L'admission dans les écoles vétérinaires ne peut avoir lieu que par voie de concours et conformément aux règles ci-après exprimées.

7. Nul ne peut être admis au concours s'il n'a préalablement justifié qu'il avait plus de dix-sept ans et moins de vingt-cinq ans au 1er janvier de l'année dans laquelle le concours a lieu.

Aucune dispense d'âge ne peut être accordée.

8. Les demandes d'admission au concours doivent être adressées au ministre, soit directement, soit par l'intermédiaire du préfet du département où réside le candidat.

Elles doivent être accompagnées des pièces suivantes :

1° L'acte de naissance du candidat ;

2° Un certificat d'un docteur en médecine constatant qu'il a été vacciné ou qu'il a eu la petite vérole et qu'il n'est atteint d'aucune maladie scrofuleuse ou autre affection analogue;

3° Un certificat de bonnes vie et mœurs délivré par l'autorité locale;

4° Une obligation souscrite, sur papier timbré, par les parents du candidat pour garantir le paiement de sa pension pendant tout le temps de son séjour à l'école;

Pour les candidats dont les parents ne résident pas dans les localités où les écoles sont établies, l'obligation ci-dessus doit désigner un correspondant domicilié dans ces localités ou dans leur voisinage;

5° Si le candidat a plus de vingt ans, un certificat délivré dans les formes légales, constatant qu'il a satisfait à la loi du recrutement de l'armée.

Pour les candidats étrangers, l'obligation relative au paiement de la pension doit être fournie, à défaut des parents, par un correspondant résidant en France, en son propre nom, laquelle le constitue personnellement responsable de ce paiement.

Les certificats et autres pièces à produire en vertu du présent article doivent être dûment légalisés.

9. Les candidats sont examinés sur la langue française, l'arithmétique, la géométrie, la géographie et l'histoire.

Le programme de l'examen est arrêté par le ministre et publié chaque année, par la voie du *Moniteur*, trois mois au moins avant l'époque du concours.

10. Un jury spécial pour chaque école fait subir aux candidats l'examen prescrit par l'article précédent.

Ce jury est composé :

De l'inspecteur général, président;

Du directeur, qui préside en l'absence de l'inspecteur général;

Des professeurs et des chefs de service, ces derniers avec voix consultative seulement.

En cas d'absence ou d'empêchement d'un professeur, le chef de service attaché à sa chaire le remplace dans le jury, et, dans ce cas, il a voix délibérative.

11. Tous les ans, au 1er octobre, le jury spécial se réunit dans chaque école pour faire subir aux candidats les épreuves du concours prescrit par l'article 6.

Les candidats admis au concours doivent être rendus pour cette époque à l'école.

12. Le jury rédige pour chaque candidat un procès-verbal détaillé d'examen; il dresse ensuite un état de classement des candidats par ordre de mérite, et, sur le vu de cet état, qui lui est immédiatement transmis, le ministre arrête la liste des élèves admis à chacune des trois écoles.

En attendant d'ailleurs la décision du ministre, les élèves déclarés admissibles par le jury sont provisoirement admis à l'école.

13. Les demi-bourses à donner dans chaque école ne sont accordées qu'aux élèves qui, après six mois au moins d'études dans l'école, ont fait preuve de bonne conduite en même temps que de travail et d'instruction, et, de préférence, à ceux pour lesquels la position de fortune de leur famille rend cette faveur plus nécessaire.

TITRE III. — DE L'ENSEIGNEMENT.

14. La durée des études dans les écoles vétérinaires est de quatre ans.

Néanmoins, le ministre, sur la proposition du conseil de l'école, peut accorder aux élèves reconnus trop faibles pour passer dans la division supérieure, la faculté de recommencer les cours de l'année qu'ils viennent de finir. Mais cette faculté ne peut s'exercer qu'une seule fois pendant toute la période réglementaire des études; et, par suite, la durée totale du séjour à l'école ne peut excéder cinq ans, à moins de cause de maladie ou de toute autre circonstance de force majeure; dans les cas de cette nature, le conseil de l'école soumet, s'il y a lieu, des propositions motivées au ministre, qui statue.

15. L'enseignement est divisé en six chaires.

Il comprend des notions de géologie, la botanique et les herborisations, la zoologie élémentaire, la physique, la chimie, l'anatomie générale ou étude des éléments organiques, l'anatomie descriptive et comparée des animaux domestiques, la physiologie des mêmes animaux et l'étude de leur conformation extérieure, les dissections, la pathologie générale, la pathologie spéciale des maladies internes, la pathologie spéciale des maladies chirurgicales, la matière médicale, la thérapeutique, la pharmacie, le manuel opératoire, la ferrure hygiénique et pathologique, l'étude clinique des maladies internes et externes, les opérations chirurgicales et exercices cliniques dans les hôpitaux, des notions d'agriculture, l'hygiène, la zootechnie et l'étude pratique des animaux dans les foires et marchés, la jurisprudence commerciale et la médecine légale, l'étude pratique des vices rédhibitoires.

Les programmes et la division des cours sont arrêtés par le ministre.

TITRE IV. — DU PERSONNEL.

16. Les écoles vétérinaires sont administrées, sous l'autorité du ministre et sous la surveillance du préfet du département, par un directeur avec le concours d'un conseil dont la composition est ci-après indiquée.

Le directeur est nommé par le ministre.

17. L'autorité du directeur s'étend sur toutes les parties du service; il assure l'exécution des règlements et des décisions du ministre et le maintien de l'ordre et de la discipline.

Il correspond directement avec le ministre et avec le préfet; il leur rend compte immédiatement de toutes les circonstances de nature à troubler l'ordre et à compromettre la marche régulière de l'école.

18. Un aumônier est attaché à chacune des trois écoles pour donner aux élèves l'enseignement moral et religieux. Cet aumônier est nommé par le ministre sur la désignation de l'évêque diocésain.

Dans le cas où l'école aurait un certain nombre d'élèves appartenant à une religion autre que la religion catholique, des mesures seraient prises pour que ces élèves pussent recevoir les avis d'un pasteur ou ministre de leur religion.

19. Le personnel de l'enseignement se compose dans chaque école :

De professeurs, parmi lesquels compte le directeur, pour chacune des six chaires entre lesquelles cet enseignement se divise;

De chefs de service, au nombre de trois, chargés de seconder les professeurs dans l'exercice de leurs fonctions,

Et d'un maître de grammaire.

20. Les fonctionnaires de l'enseignement sont nommés par le ministre conformément aux règles ci-après.

21. La nomination des professeurs a lieu par voie de concours devant un jury spécial formé par le ministre, qui règle en même temps le mode et les conditions du concours.

22. Les chefs de service sont également nommés par voie de concours devant un jury spécial constitué ainsi qu'il est dit à l'article précédent et opérant dans les mêmes conditions.

23. Sont attachés à l'école :

Un agent comptable remplissant les fonctions de caissier et chargé de l'achat et de la conservation du matériel et du mobilier, lequel est tenu de fournir un cautionnement;

Un économe garde-magasin, chargé, sous le contrôle de l'agent comptable, de l'approvisionnement des matières et objets destinés au casernement et à l'alimentation des élèves;

Un surveillant en chef et des surveillants des élèves;

Des employés et des agents subalternes en nombre suffisant pour les besoins du service.

24. L'agent comptable, l'économe, le surveillant en chef et les surveillants sont nommés par le ministre.

Le ministre peut déléguer au directeur la nomination des employés d'administration et des agents subalternes; mais, dans tous les cas, il fixe leur nombre et leur traitement.

25. Le service médical dans les écoles est réglé, sur la proposition du directeur, par le ministre, qui nomme les médecins.

26. Des règlements intérieurs arrêtés par le ministre déterminent dans leurs détails la classification hiérarchique, les attributions et les devoirs des divers fonctionnaires et employés des écoles.

27. Les traitements des fonctionnaires et employés des écoles sont réglés conformément au tableau annexé au présent décret.

28. Un inspecteur général nommé par le ministre est chargé de donner son avis sur toutes les mesures concernant soit l'enseignement, soit l'administration des écoles vétérinaires et le personnel qui y est affecté.

Cet inspecteur fait une fois au moins chaque année une tournée dans chaque école; il inspecte toutes les parties du service, se fait rendre compte du travail et de la conduite de chaque élève, et adresse au ministre un rapport détaillé sur les résultats de son inspection.

TITRE V. — DES CONSEILS DES ÉCOLES VÉTÉRINAIRES.

29. Le conseil institué dans chaque école, conformément à l'article 16 ci-dessus, se compose :

Du directeur, président;

Des professeurs,

Et du plus ancien chef de service, qui remplit les fonctions de secrétaire.

Lorsque l'inspecteur général est présent à l'école, il fait de droit partie du conseil et le préside.

30. Le conseil de l'école donne son avis sur les mesures qui lui sont soumises par le directeur en ce qui concerne la direction et l'amélioration de l'enseignement.

Il donne son avis sur le projet de budget préparé par le directeur de l'école, ainsi que sur les dépenses éventuelles et imprévues dont la nécessité se révèle en cours d'exercice.

Il délibère également sur les comptes de gestion, tant en deniers qu'en matières, présentés par l'agent comptable.

Il donne aussi son avis sur les projets de marchés préparés par l'agent comptable ou par l'économe pour les approvisionnements de l'école, ainsi que sur toutes les questions qui lui sont déférées en vertu du présent décret ou qui sont renvoyées à son examen.

Le même conseil, agissant comme conseil de discipline, donne également son avis, dans les cas déterminés par les règlements intérieurs des écoles, sur les punitions disciplinaires à infliger aux élèves.

31. Le conseil se réunit sur la convocation du directeur, qui fixe l'ordre du jour des séances.

Les délibérations du conseil sont soumises à l'approbation du ministre. Elles peuvent toutefois être mises provisoirement à exécution dans les cas d'urgence et lorsqu'elles ne doivent entraîner aucune dépense non prévue au budget.

32. A la fin de chaque semestre, le conseil de l'école, constitué à l'état de jury, sur le vu des résultats des examens généraux passés par les élèves, arrête la liste de classement dans chaque division et propose les demi-bourses à distribuer, ainsi que les punitions à infliger.

En outre, à la fin de l'année, il statue sur les prix à décerner, indique les élèves qui peuvent être autorisés à recommencer leurs cours dans les conditions spécifiées ci-dessus à l'article 14, et désigne ceux qui, par l'infériorité de leurs notes ou par leur mauvaise conduite, lui paraissent devoir être exclus de l'école.

33. Les peines disciplinaires qui peuvent être infligées aux élèves sont déterminées par le règlement intérieur des écoles.

34. A la fin de chaque semestre, le directeur adresse au ministre un contrôle nominatif des élèves, contenant un relevé sommaire des notes relatives au travail, aux progrès et à la conduite de chaque élève.

Des bulletins indicatifs des mêmes notes sont transmis aux parents des élèves ou à ceux qui les représentent, aux préfets pour les élèves de leurs départements, au ministre de la guerre pour les élèves militaires et au ministre de la marine pour les élèves des colonies.

35. Les élèves qui, après leur dernière année d'études, sont reconnus, par le jury constitué conformément à l'article 10 ci-dessus, en état d'exercer la médecine vétérinaire, reçoivent, s'ils le demandent, un diplôme dont le prix est fixé à cent francs.

TITRE VI.

DISPOSITIONS PÉNALES.

36. Toutes les mesures relatives au régime intérieur et à la discipline des écoles vétérinaires sont arrêtées par le ministre, sur la proposition des directeurs et l'avis de l'inspecteur général, les conseils des écoles préalablement entendus.

37. Des arrêtés du ministre règlent toutes les mesures de détail nécessaires à l'exécution du présent décret, notamment en ce qui concerne la comptabilité de l'école, soit en deniers, soit en matières, les livres et registres à tenir par l'agent comptable, la reddition des comptes et le mode de justification des paiements et des recettes.

763

18 avril 1866 (11e série, n° 14,177). ***Décret impérial portant règlement pour l'exploitation des dépôts et magasins d'huiles minérales ou autres hydrocarbures.***

ART. 1er. Le pétrole et ses dérivés, les huiles de schiste et de goudron, les essences et autres hydrocarbures pour l'éclairage, le chauffage, la fabrication des couleurs et vernis, le dégraissage des étoffes, ou pour tout autre emploi, sont distingués en deux catégories, suivant leur degré d'inflammabilité.

La première catégorie comprend les substances très-inflammables, c'est-à-dire celles qui émettent, à une température moindre de trente-cinq degrés du thermomètre centigrade, des vapeurs susceptibles de prendre feu au contact d'une allumette enflammée.

La seconde catégorie comprend les substances moins inflammables, c'est-à-dire celles qui n'émettent de vapeurs susceptibles de prendre feu au contact d'une allumette enflammée qu'à une température égale ou supérieure à trente-cinq degrés.

2. Les usines pour la fabrication, la distillation et le travail en grand de toutes les substances comprises dans l'art. 1er sont rangées dans la première classe des établissements régis par le décret du 15 octobre 1810 (1) et par l'ordonnance royale du 14 janvier 1815, concernant les ateliers dangereux, insalubres ou incommodes.

3. Les dépôts de substances appartenant à la première catégorie sont rangés dans la première classe des établissements insalubres ou dangereux, s'ils contiennent, même temporairement, mille cinquante litres ou plus desdites substances.

Ils sont rangés dans la deuxième classe lorsque la quantité emmagasinée, supérieure à cent cinquante litres, n'atteint pas mille cinquante litres.

Les dépôts pour la vente au détail, en quantité n'excédant pas cent cinquante litres, peuvent être établis sans autorisation préalable. Toutefois, leurs propriétaires sont tenus d'adresser au préfet une déclaration indiquant la désignation précise du local, la quantité à laquelle ils entendent limiter leur approvisionnement, et de se conformer aux mesures générales énoncées dans l'art. 5 ci-après.

4. Les dépôts de substances appartenant à la deuxième catégorie sont rangés dans la première classe des établissements insalubres ou dangereux, s'ils contiennent, même temporairement, dix mille cinq cents litres ou plus desdites substances.

Ils appartiennent à la deuxième classe lorsque la quantité emmagasinée, supérieure à mille cinquante litres, n'atteint pas dix mille cinq cents litres.

Les dépôts pour la vente au détail, en quantité n'excédant pas mille cinquante litres, peuvent être établis sans autorisation préalable. Toutefois, leurs propriétaires sont tenus d'adresser au préfet une déclaration indiquant la désignation précise du local et la quantité à laquelle ils entendent limiter leur approvisionnement, et de se conformer aux mesures générales énoncées dans l'art. 5 ci-après.

5. Les dépôts pour la vente au détail de substances de la première catégorie, en quantité supérieure à cinq litres et n'excédant pas cent cinquante litres, et les dépôts de substances de la deuxième catégorie, en quantité supérieure à soixante litres et n'excédant pas mille cinquante litres, qui, aux termes des art. 3 et 4, peuvent être établis sans autorisation préalable, sont assujettis aux conditions générales suivantes :

1° Le local du dépôt ne pourra être qu'une pièce au rez-de-chaussée ou une cave; il sera dallé en pierres posées et rejointoyées en mortier de chaux et sable ou ciment;

2° Les portes de communication avec les autres parties de la maison et avec la voie publique seront garnies de seuils en pierre saillant d'un décimètre au moins sur le sol dallé, de manière à retenir les liquides qui viendraient à se répandre;

3° Si le dépôt est établi dans une cave, celle-ci devra être bien éclairée par la lumière du jour, convenablement ventilée et sans aucune communication avec les caves voisines, dont elle sera séparée par des murs pleins en maçonnerie solide de trente centimètres d'épaisseur au moins ;

4° Si le local du dépôt est au rez-de-chaussée, il ne pourra être surmonté d'étages; il sera largement ventilé et éclairé par la lumière du jour. Les murs seront en bonne maçonnerie et la toiture sera sur supports en fer ;

5° Dans tous les cas, le local sera d'un accès facile et ne devra être en communication avec aucune pièce servant à l'emmagasinage du bois ou autres matières combustibles qui pourraient servir d'aliment à un incendie;

6° Les liquides seront conservés, soit dans des vases en métal munis d'un couvercle, soit dans des fûts solides et parfaitement étanches, cerclés en fer, dont la capacité ne dépassera pas cent cinquante litres, soit dans des touries en verre ou en grès revêtues d'une enveloppe en tresses de paille, osier ou autres matières de nature à mettre le vase à l'abri de la casse par le choc accidentel d'un corps dur; la capacité de ces touries ne dépassera pas soixante litres, et elles seront très-soigneusement bouchées;

7° Les vases servant au débit courant seront fermés et munis de robinets;

8° Le transvasement ou dépotage des liquides en approvisionnement ne se fera qu'à la clarté du jour et, autant que possible, au moyen d'une pompe;

9° Dans la soirée, le local sera éclairé par une ou plusieurs lanternes fixées aux murs, en des points éloignés des vases contenant les liquides inflammables, et particulièrement de ceux qui serviront au débit courant ;

10° Il est interdit d'y allumer du feu, d'y fumer et d'y garder des fûts vides, des planches ou toutes autres matières combustibles;

11° Une quantité de sable ou de terre proportionnée à l'importance du dépôt sera conservée dans le local pour servir à éteindre un commencement d'incendie, s'il venait à se déclarer;

12° Le propriétaire du dépôt devra toujours avoir à sa disposition une ou plusieurs lampes de sûreté garnies et en bon état, dont on se servirait, au besoin, pour visiter les parties du local que les lanternes fixées au mur n'éclaireraient pas suffisamment. Il est expressément interdit de circuler dans le local avec des lumières portatives découvertes qui ne seraient pas de sûreté et pourraient communiquer le feu à un mélange d'air et de vapeurs inflammables.

Les marchands en détail, dont l'approvisionnement est limité à cinq litres de substances de la première catégorie, ou à soixante litres de substances de la deuxième catégorie, seront tenus d'observer les mesures de précaution qui, dans chaque cas, leur seront indiquées et prescrites par l'autorité municipale.

6. Les dépôts qui ne satisferaient point aux conditions prescrites ci-dessus, ou qui cesseraient d'y satisfaire, seront fermés sur l'injonction de l'autorité administrative, sans préjudice des peines encourues pour contravention aux règlements de police.

7. Le transport de toutes les substances comprises dans l'art. 1er, en quantité excédant cinq litres, sera faite exclusivement, soit dans des vases en tôle, en fer-blanc ou en cuivre bien étanches et hermétiquement clos, soit dans des fûts en bois parfaitement étanches, cerclés en fer, dont la capacité ne dépassera pas cent cinquante litres, soit dans des touries ou bombonnes en verre ou en grès de soixante litres de capacité au plus, bouchées et enveloppées de tresses de paille, osier ou autres matières de nature à mettre le vase à l'abri de la casse.

---

(1) V. 3e part., p. 127.

764

21 avril 1866 (11e série, n° 14,142). — *Décret impérial qui attribue au juge de paix du canton de Coléah (Algérie) la compétence étendue déterminée par l'article 2 du décret du 19 août 1854 (1).*

765

21 avril 1866 (11e série, n° 14,179). — *Décret impérial portant règlement d'administration publique pour l'exécution du sénatus-consulte du 14 juillet 1865 (2), sur l'état des personnes et la naturalisation en Algérie.*

TITRE Ier.

ADMISSION, SERVICE ET AVANCEMENT DES INDIGÈNES DE L'ALGÉRIE DANS L'ARMÉE DE TERRE.

Art. 1er. Les troupes indigènes de l'Algérie font partie de l'armée française.

Elles comptent dans l'effectif général.

2. Elles se recrutent par des engagements volontaires.

3. Tout indigène peut être admis à contracter un engagement pour un corps indigène, s'il satisfait aux conditions suivantes.

Il doit :

1° Etre âgé de dix-sept ans au moins et de trente-cinq ans au plus, et avoir la taille de un mètre cinquante-six centimètres au moins;

2° Etre reconnu apte physiquement au service militaire;

3° Etre jugé digne, par sa conduite et sa moralité, de servir dans l'armée française.

4. L'âge est constaté dans les formes usitées en Algérie.

L'aptitude physique est reconnue par un des médecins militaires du corps.

La conduite et la moralité sont appréciées, sur le rapport du chef du bureau arabe de la circonscription, par le chef de corps, lequel donne son avis et envoie la demande et les pièces à l'appui au commandant de la subdivision, qui prononce.

5. L'engagement est d'une durée de quatre ans.

Il est reçu par le sous-intendant militaire de la circonscription, en présence d'un interprète et de deux témoins pris parmi les officiers, sous-officiers, caporaux ou brigadiers indigènes.

Il donne droit à une prime dont le montant est fixé chaque année par un arrêté du ministre de la guerre, rendu sur la proposition du gouverneur général de l'Algérie, et qui est payable une moitié le jour de l'engagement et l'autre moitié deux ans après.

L'interprète explique les conditions de l'engagement au contractant, qui déclare s'y soumettre et prête serment sur le Coran.

6. Dans le dernier trimestre de la quatrième année de service, l'indigène peut être admis par le conseil d'administration du corps à contracter un rengagement, soit pour un corps indigène, soit pour un corps français.

Ce rengagement est contracté dans les conditions prévues par les articles 11, 12, 13, 14, 16, 17 et 18 de la loi du 26 avril 1855 (3), relative à la dotation de l'armée.

Toutefois, une prime spéciale est attribuée à ce rengagement; elle est fixée chaque année par un arrêté du ministre de la guerre, rendu sur la proposition de la commission supérieure de la dotation.

7. L'avancement des indigènes dans l'armée a lieu exclusivement au choix, en se conformant aux dispositions de la loi du 14 avril 1832 (1), concernant la durée de service exigée dans chaque grade pour pouvoir être promu au grade immédiatement supérieur.

8. Sont applicables aux militaires indigènes :

Le Code de justice militaire pour l'armée de terre, et généralement tous les règlements relatifs au service et à la discipline militaires;

La loi du 19 mai 1834 (2), sur l'état des officiers;

La loi sur les pensions de l'armée de terre, à la condition toutefois, en ce qui concerne les veuves et les orphelins, que le mariage aura été contracté sous la loi civile française.

TITRE II.

ADMISSION, SERVICE ET AVANCEMENT DANS L'ARMÉE DE MER.

9. Les conditions d'admission, de service et d'avancement des indigènes dans les troupes de la marine et dans les équipages de la flotte sont les mêmes que celles qui sont formulées au titre Ier ci-dessus pour l'armée de terre.

La décision impériale du 25 juin 1864, qui dispense des levées et considère comme en cours de voyage les marins indigènes qui se livrent à la pêche et au cabotage sur les côtes de l'Algérie, est maintenue.

Ceux de ces marins indigènes qui veulent servir au titre d'inscrits maritimes doivent se faire immatriculer au port de Toulon.

TITRE III.

ADMISSION DANS LES FONCTIONS ET EMPLOIS CIVILS.

10. L'indigène musulman ou israélite, s'il réunit les conditions d'âge et d'aptitude déterminées par les règlements français spéciaux à chaque service, peut être appelé, en Algérie, aux fonctions et emplois de l'ordre civil désignés au tableau annexé au présent décret.

Il n'est admis à des fonctions et emplois autres que ceux prévus à ce tableau qu'à la condition d'avoir obtenu les droits de citoyen français.

Les indigènes titulaires de fonctions et emplois civils ont droit à la pension de retraite aux conditions, dans les formes et suivant les tarifs qui régissent les fonctionnaires et employés civils en France.

Toutefois, leurs veuves ne sont admises à la pension que si le mariage a été accompli sous la loi civile française.

TITRE IV.

DISPOSITIONS CONCERNANT LA NATURALISATION DES INDIGÈNES.

11. L'indigène musulman ou israélite qui veut être admis à jouir des droits de citoyen français, conformément au paragraphe 3 des articles 1 et 2 du sénatus-consulte du 14 juillet 1865 (3), doit se présenter en personne, soit devant le maire de la commune de son domicile, soit devant le chef du bureau arabe de la circonscription dans laquelle il réside, à l'effet de former sa demande et de déclarer qu'il entend être régi par les lois civiles et politiques de la France.

(1) V. 5e part., p. 438.
(2) V. Supp. de 1865, n° 705.
(3) V. 5e partie, p. 364.

(1) V. 5e partie, p. 357.
(2) V. 5e partie, p. 360.
(3) V. Supplément de 1865, n° 705.

Il est dressé procès-verbal desdites demande et déclaration.

12. Le maire ou le chef du bureau arabe procèdent d'office à une enquête sur les antécédents et la moralité du demandeur. Le résultat de cette enquête est transmis, avec le procès-verbal contenant la demande, au général commandant la province, qui envoie toutes les pièces, avec son avis, au gouverneur général de l'Algérie.

13. Le gouverneur général transmet la demande à notre garde des sceaux, ministre de la justice et des cultes, sur le rapport duquel il est statué par Nous, le Conseil d'Etat entendu.

14. Si le demandeur est sous les drapeaux, le procès-verbal prescrit par l'article 11 est dressé par le chef du corps ou par l'officier supérieur commandant le détachement auquel il appartient, et transmis au général commandant la province avec, 1° l'état des services du demandeur; 2° un certificat relatif à sa moralité et à sa conduite.

Les pièces sont adressées par le général commandant la province, avec son avis, au gouverneur général de l'Algérie, pour être ensuite procédé conformément à l'article 13 du présent décret.

TITRE V.

DISPOSITIONS CONCERNANT LA NATURALISATION DES ÉTRANGERS RÉSIDANT EN ALGÉRIE.

15. L'étranger résidant en Algérie, qui veut obtenir la qualité de citoyen français, doit former sa demande devant le maire de la commune de son domicile, ou la personne qui en remplit les fonctions dans le lieu de sa résidence. Il lui en est donné acte dans un procès-verbal dressé à cet effet.

16. L'étranger dépose, pour être joints à sa déclaration, les documents propres à établir qu'il réside actuellement en Algérie et depuis trois années au moins.

Cette preuve est faite par des actes officiels et publics ou ayant date certaine, et, à défaut, par un acte de notoriété dressé, sur l'affirmation de quatre témoins, par le juge de paix du lieu.

17. Le temps passé par l'étranger en Algérie sous les drapeaux est compté dans la durée de la résidence légale exigée par l'article précédent.

18. Il est procédé, pour l'instruction de la demande, conformément aux dispositions des articles 12, 13 et 14 du présent décret.

TITRE VI.

DISPOSITIONS GÉNÉRALES.

19. Les indigènes musulmans et israélites et les étrangers résidant en Algérie ne sont admis à former les demandes énoncées aux articles 11 et 15 du présent décret qu'à l'âge de vingt et un ans accomplis.

Ils doivent justifier de cette condition par un acte de naissance, et, à défaut, par un acte de notoriété dressé, sur l'attestation de quatre témoins, par le juge de paix ou par le cadi du lieu de la résidence, s'il s'agit d'un indigène, et par le juge de paix, s'il s'agit d'un étranger.

20. Est fixé à un franc le droit de sceau et d'enregistrement dû par les indigènes et les étrangers admis à jouir des droits de citoyen français, en exécution du sénatus-consulte du 14 juillet 1865.

Tableau des fonctions et emplois civils auxquels l'indigène musulman ou israélite, qui ne jouit pas des droits de citoyen français, peut être appelé en Algérie.

(Annexé au décret du 21 avril 1866.)

SERVICE DE LA JUSTICE.

Commis greffier et greffier de la cour et des tribunaux.
Interprète judiciaire et traducteur.
Notaire.
Défenseur.
Huissier.
Commissaire-priseur.

ADMINISTRATION GÉNÉRALE ET MUNICIPALE.

Membre d'un conseil général.
Commis, sous-chef et chef de bureau de toute classe de préfecture, de sous-préfecture et de commissariat civil.
Emplois de tout grade dans le personnel administratif des maisons d'arrêt, des prisons départementales et des pénitenciers.
Membre de la commission de surveillance des prisons.
Emplois de tout grade dans le personnel administratif des hôpitaux, asiles, orphelinats, dépôt d'ouvriers et autres établissements de bienfaisance.
Membre de la commission administrative des hôpitaux.
Conseiller municipal.
Receveur municipal.
Inspecteur, secrétaire de commissariat de police.
Administrateur de la caisse d'épargne.
Administrateur du mont-de-piété.
Administrateur du bureau de bienfaisance.
Milicien, sous-officier et officier des milices, jusqu'au grade de capitaine exclusivement.
Préposé des octrois.
Garde champêtre.
Garde des eaux.
Et généralement tous les emplois de l'administration générale et de l'administration communale auxquels les préfets et les maires sont autorisés à nommer directement.

TÉLÉGRAPHIE.

Surveillant et stationnaire.
Directeur de station.

INSTRUCTION PUBLIQUE.

Membre du conseil académique.
Maître, directeur et inspecteur des écoles arabes-françaises.
Titulaire d'une chaire publique d'arabe.
Maître d'étude, maître répétiteur et professeur de lycée.

SERVICE DES TRAVAUX PUBLICS.

Commis de toute classe, dessinateur et garde-magasin dans les services des ponts et chaussées, des mines et des bâtiments civils.
Piqueur et conducteur des ponts et chaussées.
Garde-mine.
Inspecteur ordinaire des bâtiments civils.

SERVICE FINANCIER.

Commis de tout grade dans les bureaux des services :

De l'enregistrement et des domaines,
Des contributions,
Des douanes,
Des postes,

Des forêts,
De l'administration des tabacs.

Postes :

Distributeur.
Facteur et brigadier.
Facteur-boîtier.
Préposé, brigadier et officier du service des douanes, jusqu'au grade de capitaine exclusivement.
Garde et brigadier forestier.
Géomètre de toute classe dans le service des opérations topographiques.

SERVICE DES PORTS ET DE LA SANTÉ.

Garde-pêche.
Pilote.
Inspecteur des quais.
Garde et secrétaire de la santé.

766

9 mai 1866 (11e série, no 14,181). — *Loi qui, 1° abroge les dispositions de la loi du 21 avril 1810 (1), relatives à l'établissement des forges, fourneaux et usines et aux droits établis à leur profit sur les minières du voisinage; 2° modifie les articles 57 et 58 de la même loi, relatifs à l'exploitation des minières.*

ART. 1er. Sont abrogés les articles 73 à 78 de la loi du 21 avril 1810 (1), ayant pour objet de soumettre à l'obtention d'une permission préalable l'établissement des fourneaux, forges et usines.

2. Sont également abrogés les articles 59 à 67, 79 et 80 de la même loi, ainsi que l'article 70, dans celle de ses dispositions qui, dans les cas de concession prévus par cet article, oblige le concessionnaire à fournir à certaines usines la quantité de minerai nécessaire à leur exploitation.

Néanmoins, les dispositions desdits articles continueront à être applicables jusqu'au 1er janvier 1876 aux usines établies, avec permission, antérieurement à la promulgation de la présente loi.

3. Les articles 57 et 58 de la même loi sont modifiés ainsi qu'il suit :

ART. **57.** Si l'exploitation des minières doit avoir lieu à ciel ouvert, le propriétaire est tenu, avant de commencer à exploiter, d'en faire la déclaration au préfet. Le préfet donne acte de cette déclaration, et l'exploitation a lieu sans autre formalité.

Cette disposition s'applique aux minerais de fer en couches et filons, dans le cas où, conformément à l'article 69, ils ne sont pas concessibles.

Si l'exploitation doit être souterraine, elle ne peut avoir lieu qu'avec une permission du préfet. La permission détermine les conditions spéciales auxquelles l'exploitant est tenu, en ce cas, de se conformer.

58. Dans les deux cas prévus par l'article précédent, l'exploitant doit observer les règlements généraux ou locaux concernant la sûreté et la salubrité publiques auxquels est assujettie l'exploitation des minières.

Les articles 93 à 96 de la présente loi sont applicables aux contraventions commises par les exploitants de minières aux dispositions de l'article 57 et aux règlements généraux et locaux dont il est parlé dans le présent article.

(1) V. 5e part., p. 114.

767

16 mai 1866 (11e série, no 14,220). — *Loi relative aux instruments de musique mécanique.*

ART. UNIQUE. La fabrication et la vente des instruments servant à reproduire mécaniquement des airs de musique qui sont du domaine privé ne constituent pas le fait de contrefaçon musicale prévu et puni par la loi du 19 juillet 1793 (1), combinée avec les articles 425 et suivants du Code pénal.

768

19 mai 1866 (11e série, no 14,267). — *Loi sur la marine marchande.*

ART. 1er. Tous les objets, bruts ou fabriqués, y compris les machines à feu et les pièces de machines entrant dans la construction, le gréement, l'armement et l'entretien des bâtiments de mer destinés au commerce, en bois ou en fer, à voiles ou à vapeur, seront admis en franchise de droits, à charge de justifier, dans le délai d'un an, de l'affectation desdits objets à la destination ci-dessus prévue.

Des décrets impériaux détermineront les justifications et les conditions auxquelles cette immunité sera subordonnée.

Toute infraction aux dispositions de ces décrets donnera lieu au paiement des droits dont sont ou seront frappés les objets indiqués ci-dessus, et de plus sera punie d'une amende égale au triple de ces mêmes droits.

2. La prime accordée par les articles 1 et 2 de la loi du 6 mai 1841 (1) aux machines à feu de fabrication française, à installer à bord des navires nationaux destinés à une navigation internationale maritime, est et demeure supprimée.

Toutefois, ladite prime continuera d'être payée aux appareils dont la mise en chantier, antérieurement à la promulgation de la présente loi, sera dûment justifiée.

3. Six mois après la promulgation de la présente loi, les bâtiments de mer à voiles ou à vapeur, gréés et armés, seront admis à la francisation, moyennant le paiement d'un droit de deux francs par tonneau de jauge.

Le même droit sera appliqué aux coques de navires en bois ou en fer.

4. Les droits de tonnage établis sur les navires étrangers entrant dans les ports de l'Empire seront supprimés à partir du 1er janvier 1867.

Les droits de tonnage actuellement perçus tant sur les navires français que sur les navires étrangers, et affectés, comme garantie, au paiement des emprunts contractés pour travaux d'amélioration dans les ports de mer français, sont maintenus.

Des décrets impériaux, rendus sous forme de règlements d'administration publique, pourront, en vue de subvenir à des dépenses de même nature, établir un droit de tonnage qui ne pourra excéder deux francs cinquante centimes par tonneau, décime compris, et qui portera à la fois sur les navires français et étrangers.

5. Trois ans après la promulgation de la présente loi, les surtaxes de pavillon aujourd'hui applicables aux produits importés des pays de production, autrement que par navires français, seront supprimées.

6. Dans le cas où le pavillon français serait, dans un pays étranger, soumis au profit du Gouvernement,

(1) V. 3e partie, p. 224.

des villes ou des corporations, soit directement, soit indirectement, pour la navigation, l'importation ou l'exportation des marchandises, à des droits ou des charges quelconques dont les bâtiments dudit pays seraient exempts, des décrets impériaux pourront établir, sur les bâtiments de ladite nation entrant dans les ports de l'Empire, d'une colonie ou d'une possession française, et sur les marchandises qu'ils ont à bord, tels droits ou surtaxes qui seraient jugés nécessaires pour compenser les désavantages dont le pavillon français serait frappé.

7. Les dispositions qui précèdent sont applicables aux colonies de la Martinique, de la Guadeloupe et de la Réunion.

DISPOSITIONS SPÉCIALES A L'ALGÉRIE.

8. Les dispositions des articles 1, 3 et 4 de la présente loi sont applicables en Algérie.

9. La navigation entre la France et l'Algérie, et entre l'Algérie et l'étranger, pourra s'effectuer par tous pavillons.

Le cabotage d'un port à l'autre de cette possession française pourra, sur une autorisation du gouverneur général de l'Algérie, être fait par navires étrangers.

10. Les surtaxes de navigation établies, en Algérie, sur les marchandises importées par navires étrangers sont supprimées.

Sont également supprimées les modérations de droits accordées par l'article 9, paragraphe 2, de l'ordonnance du 16 décembre 1843 à certaines marchandises prises dans les entrepôts français et exportées en Algérie par bâtiments français.

11. La prohibition établie sur les sucres raffinés importés de l'étranger en Algérie, est levée. Lesdits sucres raffinés paieront, en sus du droit sur le sucre brut, une surtaxe de cinq francs par cent kilogrammes.

769

8 juin 1866 (11e série, no 14,269). — *Décret impérial pour l'exécution de l'article 1er de la loi du 19 mai 1866 sur la marine marchande.*

ART. 1er. A partir de la promulgation du présent décret, seront admis en franchise de droits à l'importation, conformément à l'art. 1er de la loi du 19 mai 1866 (1), sur la marine marchande, les objets bruts ou fabriqués entrant dans la construction, le gréement, l'armement et l'entretien des bâtiments de mer, en bois ou en fer, à voiles ou à vapeur, destinés au commerce.

Ne seront pas considérés comme faisant partie de l'armement les objets tels que meubles meublants, literie, linge, vaisselle, coutellerie, verres et cristaux de table, et en général tous objets destinés à l'usage des personnes.

2. Pourront seuls jouir du bénéfice des dispositions du présent décret, en ce qui concerne les matières brutes, les constructeurs de navires et les fabricants d'objets destinés à la construction, à l'armement, au gréement ou à l'entretien des bâtiments de mer.

A cet effet, ils auront à justifier de leur qualité auprès des douanes d'importation.

3. Les déclarations faites en douane pour l'admission en franchise présenteront, à l'égard de chaque espèce de produits, les indications exigées par les règlements de douane pour la liquidation des droits.

4. Les importateurs devront s'engager, par une soumission valablement cautionnée, à justifier, dans un délai qui ne pourra excéder une année, de l'affectation aux bâtiments de mer des matières premières entrées en franchise, ou des produits fabriqués avec ces matières, ou enfin des machines et mécaniques, des parties détachées de machines et autres objets complétement achevés admis en franchise temporaire.

Si, à l'expiration du terme d'un an, les justifications ci-dessus n'ont pas été produites, la douane liquidera les droits d'office et en poursuivra le recouvrement, conformément au troisième paragraphe de l'article 1er de la loi du 19 mai 1866 (1).

5. Toute déclaration s'appliquant à des machines et mécaniques, à des parties détachées et à d'autres objets complétement fabriqués, devra contenir la description desdits objets, afin d'en garantir l'identité, et ce, sans préjudice de l'estampille, laquelle pourra être appliquée aux machines à feu ou autres, aux pièces de machines, aux chaudières, aux voiles et à tels autres objets pour lesquels le service des douanes jugera cette mesure utile.

6. L'incorporation aux bâtiments des matières premières, ou la mise à bord des objets fabriqués destinés à la construction, au gréement ou à l'armement, sera précédée d'une déclaration énonçant : 1° la nature et le poids des matières premières ainsi que des produits fabriqués à employer ou à embarquer; 2° la date, le numéro et le bureau de délivrance de chaque acquit-à-caution ; 3° le navire à la construction, à la réparation ou à l'usage duquel lesdites matières premières ou lesdits objets fabriqués auraient été affectés.

Lorsqu'il s'agira d'un objet fabriqué ayant exigé l'emploi de plusieurs métaux, la déclaration indiquera le poids de chaque espèce de métal.

7. La douane, pour contrôler les déclarations d'emploi, soit des matières premières, soit des produits fabriqués, fera usage de tel procédé qu'elle jugera nécessaire.

8. Ne pourront être affectés aux navires, en compensation :

1° Des fers en barres de forme irrégulière, que des produits fabriqués avec des fers de forme également irrégulière ;

2° Des tôles et des cuivres laminés d'un millimètre d'épaisseur et au-dessous, que des objets fabriqués avec des tôles ou des cuivres laminés n'excédant pas cette épaisseur.

Dans aucun cas, il ne sera admis, pour l'apurement des comptes d'importation, des objets confectionnés avec des matières d'un degré de fabrication moins avancé que celui des produits soumissionnés à l'entrée.

9. Les produits fabriqués avec des matières premières introduites en franchise devront représenter ces mêmes matières, poids pour poids et sans aucun déchet.

10. Toute infraction aux dispositions du présent décret donnera lieu à l'application des pénalités édictées par le troisième paragraphe de l'article 1er de la loi du 19 mai 1866 (1).

11. Tout objet mis à bord des bâtiments de mer et toute matière incorporée dans la construction desdits bâtiments sous le bénéfice des dispositions du présent décret seront, en cas de débarquement, de désarmement, de réparation ou de démolition du navire, soumis aux dispositions de la législation générale en matière de douane.

770

9 juin 1866 (11e série, no 14,464). — *Décret impérial qui fixe le salaire des conservateurs des hypothèques pour la transcription des actes de mutation et des procès-verbaux de saisie immobilière.*

A partir du 1er juillet 1856, le salaire alloué aux conservateurs des hypothèques, par les nos 7 et 11

(1) V. *suprà.*

du tableau annexé au décret du 21 septembre 1810 (1), est réduit à cinquante centimes par rôle contenant trente lignes à la page et dix-huit syllabes à la ligne.

771

13 juin 1866 (11e série, n° 14.282). — *Loi concernant les usages commerciaux.*

ART. 1er. Dans les ventes commerciales, les conditions, tares et autres usages indiqués dans le tableau annexé à la présente loi sont applicables dans toute l'étendue de l'Empire, à défaut de convention contraire.

2. La présente loi sera exécutoire à partir du 1er janvier 1867.

TABLEAU ANNEXÉ

à la loi concernant les usages commerciaux.

Ire PARTIE. — RÈGLES GÉNÉRALES.

I. Toute marchandise pour laquelle la vente est faite au poids se vend au poids brut ou au poids net.

Le poids brut comprend le poids de la marchandise et de son contenant. Le poids net est celui de la marchandise à l'exclusion du poids de son contenant.

La tare représente, à la vente, le poids présumé du contenant. La tare s'applique à certaines marchandises que, pour les facilités du commerce, il est d'usage de ne pas déballer.

II. Tout article se vendant au poids et non mentionné au tableau est vendu au poids net.

III. L'acheteur a le droit, en renonçant à la tare d'usage, de réclamer le poids net, même pendant le cours de la livraison.

IV. Pour la marchandise vendue au poids brut, l'emballage doit être conforme aux habitudes du commerce.

V. L'emballage (toile, fût, barrique, caisse, etc.) reste à l'acheteur, sauf les exceptions portées au tableau.

VI. Lorsqu'il y a deux emballages, l'emballage intérieur, en tant qu'il est considéré dans l'usage comme marchandise et qu'il est conforme aux habitudes du commerce, est compris dans le poids net.

VII. Le tonneau de mer s'entend du tonneau d'affrétement tel qu'il est réglé pour l'exécution des articles 3 et 6 de la loi du 3 juillet 1861.

VIII. Sauf les exceptions portées au tableau ci-après, il n'est accordé ni dons, ni surdons, ni tolérance (2).

IX. Dans les ports maritimes, toutes les marchandises autres que les articles manufacturés se vendent sur le pied de deux pour cent d'escompte au comptant, et, lorsque le vendeur consent à convertir tout ou partie de l'escompte en terme, l'escompte se règle à raison de un demi pour cent par mois.

IIe PARTIE. — RÈGLES SPÉCIALES A CERTAINES MARCHANDISES.

Alcools. (V. *Spiritueux.*)

Arachides en greniers, sacs ou futailles : poids net, 2 p. 100 de tolérance sont accordés au vendeur pour la pousse ou poussière et les corps étrangers.

Argent vif : poids net ; la vérification du poids net est proportionnelle et s'établit sur 10 p. 100 de la livraison.

Arsenic : 1° blanc, 11 kilog. : par baril de 200 à 205 kilog. ; — 2° jaune, 7 kilog. : par baril de 100 à 105 kilog. ; — 3° rouge, 4 kilog. : par baril de 50 à 60 kilog.

Assa-fœtida : 1° en sacs, 2 p. 100 ; — 2° en caisses ou futailles, poids net.

Baies de genièvre, poids brut.

Blé. (V. *Grains.*)

Bois de construction ; les planches se vendent au mètre courant. — Les douvelles se vendent au cent. — Les poutres, etc., se vendent au stère. — Le mesurage des poutres se fait de un en un centimètre pour les largeurs et épaisseurs, et de 10 en 10 centimètres pour les longueurs.

Brai : 1° sec, poids net ; — 2° gras, poids brut ; se livrent en baril.

Cacao : en fûts, poids net ; — en sacs, 1 1/2 p. 100 ; — coques de. (V. ce mot) ; tolérance de 2 p. 100 pour poussière.

Café : 1° en fûts et caisses, poids net ; — 2° en sacs de toile, 1 1/2 p. 100 ; — 3° en balles, de la Réunion ou de Moka, poids net ; la vérification du poids net se fait proportionnellement par épreuve.

Cannelle : 1° de Chine, en caisses, poids net ; — 2° de Ceylan, en balles ou en sacs : sous simple emballage, 4 p. 100 ; — sous double emballage, 5 p. 100 ; même observation que ci-dessus.

Chanvre : 1° indigène, poids net ; — 2° de Russie, poids net ; — 3° des Etats-Unis, poids net ; — 4° de Calcutta (jute), 2 p. 100 ; — 5° Manille (abaca), 2 p. 100 ; — 6° du Mexique (itztle), 2 p. 100 ; liens compris.

Charbon de terre, poids net ; se vend aux 100 kilog.

Chiendent : en balles, poids brut.

Chiffons : en balles, poids brut.

Cire brute de toutes provenances, poids net ; la cire indigène se livre sans emballage.

Coaltar, poids brut.

Coke. (V. *Charbon de terre.*)

Coques de cacao, poids brut.

Cordages : 1° neufs, poids net ; — 2° vieux, poids brut.

Cornes ; la vente a lieu ainsi qu'il suit : 1° cornes de bœuf ou de vache, aux 100 cornes ; — 2° cornes de cerf, buffle, rhinocéros, etc., aux 100 kilog..

Coton de toute provenance, 5 p. 100 ; les types du Havre sont adoptés pour les cotons des deux Amériques et de l'Inde. — Les types de Marseille, pour les cotons d'Egypte, du Levant et du bassin de la Méditerranée. — En cas de contestations sur le classement de la marchandise, les échantillons en seront adressés, suivant les provenances, à l'une ou à l'autre des chambres de commerce des villes ci-dessus indiquées, pour être comparés aux types et être arbitrés par ses soins.

Crins : 1° de Russie, en balles, poids net ; 2° de l'Amérique méridionale : (*a*) en balles de toile, 4 p. 100 ; cercles en fer déduits ; — (*b*) en balles de cuir, poids net.

Cuirs et peaux : 1° cuirs de toutes sortes : (*a*) secs ; se vendent à nu et aux 100 kilog. ; — (*b*) salés, poids net ; déduction faite du sel et des liens ; — 2° peaux de chevaux : (*a*) sèches ; se vendent à la

(1) V. 2e partie, p. 375.

(2) On entend par don une réfaction pour altération ou déchet en quelque sorte forcé de la marchandise. Le surdon est un forfait facultatif pour l'acheteur, à raison d'avaries ou mouillures accidentelles. La tolérance, accordée en général pour le déchet nommé *pousse* ou *poussière*, a pour objet de limiter la réclamation de l'acheteur contre le vendeur.

pièce; — (b) salées, poids net; se vendent aux 100 kilog.;—3° Vachettes de l'Inde, en balles, poids net; les peaux servant d'emballage réduites à la moitié de leur valeur; — 4° autres peaux de toutes sortes; se vendent sans bonification, soit aux 100 kilog., soit au nombre.

Curcuma (emballage en toile) : simple (*gonis*), 2 p. 100.

Dividivi, poids brut.

Douvelle. (V. *Bois*.)

Eau de fleurs d'oranger, poids net. — La vérification du poids net se fait proportionnellement.

Esprits. (V. *Spiritueux*.)

Etoupes : 1° de cordages, poids brut; — 2° de lin, poids net.

Fanons de baleine, poids net; réfaction 2 p. 100 pour barbes et crasse.

Farines : 1° au baril; le baril contenant 88 kilog. de farine; — 2° en sacs, poids brut; le poids brut du sac de farine s'entend de 125 kilog. Conformément à la règle générale n° 5, le sac reste à l'acheteur.

Fécule de pommes de terre : 1° en sacs et balles, poids brut; se vend aux 100 kilog.; — 2° en fûts, poids net; *idem*.

Feuillards de bois; se vendent aux 1000 brins.

Fèves. (V. *Grains*.)

Figues : 1° en corbeilles, couffes et cabas, poids brut; — 2° en caisses, poids net; — 3° de Smyrne, en caisses, 10 p. 100.

Foin lié, poids brut; non lié, poids net.

Froment. (V. *Grains*.)

Gambier de l'Inde, poids brut.

Gaude, poids brut.

Gingembre : 1° en barriques, poids net; — 2° en sacs, simple toile, poids net; la vérification du poids net se fait proportionnellement.

Gomme: 1° ammoniaque, poids net; 2° du Sénégal, en fûts, poids net; en sacs, 1 p. 100; — 3° de Barbarie et arabique, poids net.

Goudron, poids brut; se livre à la barrique ou gonne.

Graines : 1° de chanvre : (a) de provenance étrangère, poids net; tolérance de 3 p. 100 accordée au vendeur pour pousse et corps étrangers, — (b) de provenance indigène, poids net; pas de tolérance; — 2° de colza : (a) de l'Inde et de la mer Noire, poids net; tolérance 4 p. 100; — (b) de provenance indigène, poids net; pas de tolérance; — (c) d'ailleurs, poids net; pas de tolérance; — 3° de coton, poids net; tolérance 5 p. 100; — 4° de genièvre (V. *Baies*); — 5° graines jaunes : (a) en balles, simple emballage, 1 p. 100; double emballage, 2 p. 100; — (b) en fûts, poids net; — (c) en sacs de crins simples, 3 p. 100; — 6° de lin : (a) étrangères à semer et indigènes, poids net, pas de tolérance; — (b) étrangères ordinaires, poids net; tolérance 4 p. 100; — (c) étrangères et indigènes à battre, poids net; tolérance 4 p. 100; — 7° de luzerne et de trèfle (graines), poids net; se vendent à la balle de 100 kilog.; — 8° de moutarde, poids net; *idem*; — 9° de navette (V. *Colza*); — 10° de ravison, poids net; tolérance 6 p. 100; — 11° de sésame, d'œillette, de pavot et autres graines oléagineuses non dénommées : (a) de provenance étrangère, poids net; tolérance 3 p. 100; — (b) indigènes, poids net; sans tolérance; — 12° amandes de palmistes décortiquées, poids net; tolérance 5 p. 100.

Grains; la vente des grains se fait aux 100 kilog.

Graisses : 1° saindoux : (a) en tierçons, 17 p. 100; — (b) en futailles et barriques, poids net; — (c) en barils, 18 p. 100; — (d) en frequins, 24 p. 100; — (e) en vessies, poids brut; — 2° suifs : (a) en fûts ou caisses : 1° de Russie, 12 p. 100; barres déduites; — 2° indigènes, poids net; — 3° des Pays-Bas, d'Italie et d'Amérique, poids net; — (b) en outres et en surons, 4 p. 100.

Guano, poids brut.

Hareng : 1° frais, poids net; — 2° salé ; (a) arrivant de la mer et vendu pour le repaquetage, poids net; se vend aux 100 kilog., la futaille restant à l'acheteur; — (b) livré à la consommation, poids net; se vend au baril, lequel rend net en poisson 125 kilogrammes en minimum; —3° saur; se vend au nombre.

Houille. (V. *Charbon de terre*.)

Houblon (simple emballage), poids brut.

Huiles (la vente se fait aux 100 kilog.) : 1° d'olive et de graines oléagineuses, poids net; par exception, à Marseille, le vendeur conserve la futaille, sauf pour les huiles d'olive comestibles; — 2° de coco et de palme : (a) par futaille au-dessous de 250 kil., 20 p. 100; — (b) par futailles de 251 kilog. à 350 kilog., 17 p. 100; la tare ne pouvant être inférieure à 50 kilog.; — (c) par futailles de 251 kilog. et au-dessus, 15 p. 100; la tare ne pouvant être inférieure à 60 kilog. — 3° de baleine et de cachalot, comme de coco et de palme; 4° de morue et de sardines, 10 p. 100 : sans barres ni plâtre, ou chaque barre pouvant être réglée à 1 kilog., au choix de l'acheteur; — 5° de ricin et de menthe, poids net; — 6° essentielles, poids net; — 7° de pétrole; se vendent au baril de 150 kilog. brut, ou 120 kilogr. net.

Indigo : 1° en caisses, poids net; — 2° en surons, emballages en cuir, 10 p. 100.

Jalap : 1° En surons de 61 kilog. et au-dessus, 7 p. 100; — 2° en surons de 60 kilogrammes et au-dessous, 5 p. 100; — 3° en fûts ou caisses, poids net.

Joncs, rotins, bambous (pour cannes); se vendent au nombre. Les petits rotins en paquets se vendent aux 100 kilog.

Jus de réglisse, poids net; tolérance pour feuilles 4 p. 100.

Laines : 1° indigènes, poids net; — 2° étrangères, poids net; la constatation du poids de l'emballage se fait proportionnellement.

Laines peignées et filées, poids net; les numéros des laines filées expriment le nombre de 1,000 mètres au kilogramme. La reprise au conditionnement est de 17 p. 100.

Légumes secs (pois, fèves, haricots, lentilles) : 1° en sacs, poids brut; se vendent aux 100 kilog.; 2° en fûts, poids net; se vendent aux 100 kilog.

Lichen, en balles, poids brut.

Liéges, en balles, poids brut.

Manganèse : 1° d'Allemagne, en futailles, 5 p. 100; — 2° d'ailleurs ou autrement qu'en futailles, poids net.

Morue : 1° sèche; se vend aux 100 kilog.; — 2° d'Islande, en sel; se livre à la tonne ou au baril; — 3° d'Islande, en vrac; se vend aux 100 kilog.; — 4° verte, de Terre-Neuve; se vend aux 100 kilog.; 10 p. 100 de réfaction accordée pour le sel.

Mousse, en balles pressées, poids brut.

Nacre : 1° de perle franche, poids net; livraison à la pelle : 2 p. 100 de don; livraison à la main : pas de don; — 2° bâtarde, poids net.

Nitrate de potasse, 5 p. 100; réfaction pour corps étrangers, au delà de 4 p. 100 au titrage.

Salpêtre, en simple emballage; frais de titrage partagés.

Nitrate de soude : en simple emballage, 3 p. 100; même réfaction qu'au nitrate de potasse.

Noir de fumée : en balles et en fûts, poids brut.

Noir animal : résidu de raffinerie, poids net; résidu d'ivoire, poids net : se vend aux 100 kilog.

Noix de galle, poids brut.

Ocre, poids brut; se vend aux 100 kilog.

Olives, poids brut; se livrent en baril.
Onglons : 1° de bétail, poids brut; se vendent aux 100 kilog.; — 2° d'écailles de tortue, poids net.
Orcanette : simple emballage, poids brut.
Oreillons et rognures de peaux : en balles, poids brut.
Orseille : 1° naturelle ou lichen, en balles, 2 p. 100; simple emballage, cordes déduites; — 2° en pâte, en fûts, poids net.
Peaux. (V. *Cuirs.*)
Perlasse et potasse : 1° des États-Unis, de Dantzig, d'Italie et de Russie, 12 p. 100; — 2° de Finlande, 15 p. 100; 3° de Hongrie, d'Allemagne, du Rhin, de Bohême, poids net.
Piment : 1° en sac, simple emballage sans liens ni surcharge, 2 p. 100; 2° en fûts, poids net; tolérance pour pousse ou poussière, 1 p. 100.
Plomb vieux, poids brut; 4 p. 100 de réfaction pour impuretés.
Plumes : 1° de parure, poids net; — 2° de vautour et autres, 4 p. 100; en balles, simple emballage, cercles déduits.
Poils d'animaux : 1° poils ou laines de chevreaux, dits *chevrons*, 2 p. 100; simple emballage; — 2. Tous autres poils, poids net.
Poissons salés. (V. *Morue* et *Hareng.*)
Poivre ou cubèbe : 1° Simple emballage en toile, 2 p. 100, réfaction pour la pousse lorsqu'elle excède 2 p. 100; — 2° En robins, bombes et fûts, poids net.
Poix de Bourgogne, 10 p. 100.
Porc salé : 1° Salaisons, poids net, se vendent en baril; — 2° Autres salaisons, non en saumure, poids net, se vendent aux 100 kilog.
Quercitron : 1° en fûts, 12 p. 100; — 2° en sacs, simple emballage, 2 p. 100.
Quinquina : 1° en caisses et fûts, poids net; — 2° en surons : *(a)* par surons au-dessous de 60 kil., 6 kilog.; — *(b)* par surons de 60 kilog. et audessus, 8 kilog.
Raisins secs : 1° de Malaga, poids net, se livrent à la caisse; — 2° de Denia : *(a)* caisson simple, 2 kilog 1/2; — *(b)* caisson double, 4 kilog.; — *(c)* en cabas, poids brut; — 3° de Zante : *(a)* en barils, 10 p. 100; — *(b)* en bottes de 1,000 kilogrammes, 12 p. 100, en fûts d'origine; — *(c)* en demi et quart de botte, 14 p. 100, en fûts d'origine; — 4° De Lipari, en barils, 10 kilog.; — 5° de Naples, en corbeilles, poids brut, — 6° de Smyrne; — *(a)* en sacs, 1 kilog.; *(b)* en tambours, gallons et caissons, 10 p. 100.
Résine : 1° d'Amérique, en fûts, 16 p. 100; — 2° indigène et d'autre provenance, poids net.
Rhum et tafia (V. *Spiritueux*), se vendent à l'hectolitre.
Riz : 1° En fûts, dits *tierçons*, 12 p. 100, les fûts du poids brut de 180 kilogrammes et au-dessous, barres déduites, sont rangés parmi les demi-tierçons; — 2° en fûts dits *demi-tierçons*, 14 p. 100; au-dessus de 180, kilogrammes les fûts sont considérés comme tierçons pour l'application de la tare; — 3° en sacs simples de Piémont, poids brut; autres, 2 p. 100; — 4° en barils, poids net.
Rocou : 1° en fûts : *(a)*, avec feuilles, 20 p. 100; *(b)* sans feuilles, 16 p. 100; — 2° en paniers et en caisses, poids net.
Rotins. (V. *Joncs, etc.*)
Safranum : 1° d'Espagne, poids net : — 2° du Levant : *(a)* en ballot simple, toile légère, 2 p. 100.; — *(b)* en cabas recouverts de toile de l'Inde, 10 p. 100; — 3° de l'Inde, 8 p. 100.
Sagou : 1° en sacs de toile, 2 p. 100; — 2° en fûts, poids net.
Salsepareille : 1° d'Honduras, en balles : *(a)* emballage simple et léger, 4 kilog, cordes comprises; — *(b)* emballage simple et lourd, 5 kilog., *idem*; — 2° du Brésil, poids brut; — 3° du Mexique et des autres provenances, poids net.
Savon : 1° bleu, poids net; la tare s'établit proportionnellement; — 2° blanc, poids net; — 3° vert, poids net, se livre au baril.
Sel marin et sel gemme, se vend aux 100 kilog.
Séné : 1° en fardes d'origine, sans surcharge : *(a)* d'Alexandrie, 10 p. 100; — *(b)* de Tripoli, 7 p. 100; 2° en autre emballage, poids net.
Soies, poids net; la reprise des soies au conditionnement est de 11 p. 100; l'épreuve de la finesse s'établit par 500 mètres, et le pesage se fait au poids métrique descendant jusqu'à 5 milligrammes.
Soies de porcs : 1° de France, poids net; — 2° des autres provenances, poids net.
Soude : 1° d'Espagne, en balles : *(a)* avec trois enveloppes, 14 kilog.; — *(b)* avec quatre enveloppes, 16 kilog.; — 2° d'autres provenances, en futailles, poids net.
Soufre (Fleur de) : 1° en balles et sacs, poids brut; — 2° en futailles, poids net.
Spiritueux : esprits, alcools et eaux-de-vie. — ART. 1er. Les esprits distillés du vin, dits 3/6 *de Languedoc*, sont vendus à 86° centigrades, à la température de 15 degrés centigrades. — La surforce au-dessus de 86° ne donne pas lieu à bonification. — La faiblesse au-dessous de 86° et jusqu'à 83° donne lieu à une réfaction proportionnelle. — La faiblesse au-dessous de 83° permet à l'acheteur de refuser la marchandise. — ART. 2. Les esprits distillés de la betterave, de la mélasse, de la pomme de terre, des grains, etc., sont vendus à 90° centigrades, à la température de 15 degrés centigrades. — La surforce au-dessus de 90° et jusqu'à 95° donne lieu à une bonification proportionnelle. — La surforce au-dessus de 95° ne donne pas lieu à bonification. — La faiblesse au-dessous de 90° et jusqu'à 87° donne lieu à une réfaction proportionnelle. — La faiblesse au-dessous de 87° permet à l'acheteur de refuser la marchandise. — ART. 3. Les eaux-de-vie de Cognac, de Saintonge, de la Rochelle et autres sont vendues à 60° centigrades, à la température de 15 degrés centigrades. — La surforce au-dessus de 60° et jusqu'à 63° donne lieu à une bonification proportionnelle — La surforce au-dessus de 63° permet à l'acheteur de refuser la marchandise. — La faiblesse au-dessous de 60° et jusqu'à 57° donne lieu à une réfaction proportionnelle. — La faiblesse au-dessous de 57° permet à l'acheteur de refuser la marchandise. — Les eaux-de-vie dites *vieilles* sont l'objet de conventions particulières. — ART. 4. Les eaux-de-vie dites *preuves de Hollande*, d'Armagnac et de Marmande sont vendues à 52° centigrades, à la température de 15 degrés centigrades. — La surforce au-dessus de 52° et jusqu'à 54° donne lieu à une bonification proportionnelle. — La surforce au-dessus de 54° permet à l'acheteur de refuser la marchandise. — La faiblesse au-dessous de 52° et jusqu'à 48° donne lieu à une réfaction proportionnelle. — La faiblesse au-dessous de 48° permet à l'acheteur de refuser la marchandise. — Les eaux-de-vie dites *vieilles* sont l'objet de conventions particulières. — ART. 5. La force des esprits et eaux-de-vie est reconnue au moyen de l'alcoomètre centésimal de Gay-Lussac, ramené par le calcul à la température de 15° au-dessus de zéro du thermomètre centigrade, suivant la table de Gay-Lussac, dite *force de richesse*. Les fractions de degré ne sont pas constatées; elles sont en faveur du réceptionnaire. — ART. 6. Les art. 3 et 4, ainsi que le dernier paragraphe de l'art. 5, ne s'appliquent qu'aux ventes donnant lieu à des expéditions au dehors

des pays producteurs. — ART. 7. Pour les esprits étrangers, la faiblesse du degré ne donne pas lieu à résiliation, mais à une réfaction proportionnelle. —ART. 8. La contenance effective des pipes d'alcool, des esprits distillés de la mélasse, de la pomme de terre, des grains, etc., s'entend de 620 litres.

Squine, 2 p. 100.

Stock-fish; se vend aux 100 kilog.

Sucres : emballage en bois (fûts, caisses, etc.), 13 p. 100; — canastres, 8 p. 100; — autres emballages : simple, 2 p. 100; double, 4 p. 100; — sucres indigènes : en sacs, poids net. — Il y a trois séries de types, savoir : 1° pour les sucres terrés exotiques, la série des types de Hollande; — 2° pour les sucres bruts exotiques, cinq types à régler périodiquement, comme il sera dit ci-après, savoir : ordinaire, bonne ordinaire, bonne quatrième, belle quatrième, fine quatrième; — 3° pour les sucres de betterave, série complète de types à régler chaque année. — La classification des types des deux dernières séries s'effectue au ministère de l'agriculture, du commerce et des travaux publics par des délégués des chambres de commerce intéressées, sous la présidence d'un représentant du ministre. — Les délégués à appeler pour les sucres bruts exotiques sont ceux des ports de : le Havre, Marseille, Bordeaux et Nantes, avec l'adjonction d'un délégué de la chambre de commerce de Paris. — Ils sont réunis à Paris en mai et en novembre de chaque année. — Chacun des quatre ports présente la série de ses types; les types de chaque localité sont mélangés par quantités égales, et les moyennes obtenues représentent les étalons acceptés. — Les délégués à appeler pour les sucres de betterave sont ceux de : Paris, Lille, Arras, Valenciennes, Amiens et Saint-Quentin. — Ils sont réunis à Paris au mois de novembre de chaque année. — Les délégués indiquent, autant que possible, la correspondance existant entre la série des types qu'ils arrêtent et les numéros de la série des types de Hollande. — La chambre de commerce de Paris est chargée de faire établir, sous son contrôle, la confection des boîtes d'étalons à transmettre aux chambres de commerce qui en feront la demande.

Sumac : en feuilles, poids brut; — en poudre, poids net.

Tabac : 1° en boucauts de Virginie et Kentucky, 12 p. 100; de Maryland, 14 p. 100; — 2° du Brésil, en balles, simple emballage, 2 p. 100; — 3° autres provenances, poids net.

Tan (Écorces à) : en bottes ou pulvérisées, poids net; se vendent aux 100 kilogrammes.

Térébenthine : 1° de Bordeaux, prix net; se livre en barriques bordelaises; 2° de Suisse, en fûts, 16 p. 100; 3° de Venise, poids net.

Verdet : 1° en sacs, poids brut; 2° en futailles, poids net.

Vins : La contenance de la futaille dite *bordelaise* est en minimum de 225 litres. — La contenance de la bouteille dite *de Bordeaux* est en minimum de 75 centilitres. — La contenance de la bouteille dite *de Champagne* est en minimum de 80 centilitres. — La contenance de la futaille dite *pièce de Beaune* est au minimum de 228 litres. — La contenance de la bouteille dite *bourguignonne* est au minimum de 80 centilitres. — La contenance de la futaille dite *mâconnaise* est au minimum de 212 litres. — La contenance de la bouteille dite *mâconnaise* est au minimum de 80 centilitres.

772

23 juin 1866 (11e série, n° 14,345). — ***Décret impérial relatif aux mesures sanitaires applicables aux arrivages en patente brute du choléra.***

ART. 1er. Les mesures sanitaires applicables en cas de patente brute de choléra peuvent, comme en cas de patente brute de fièvre jaune, avoir une durée différente pour les passagers, les hommes d'équipage, le navire et les marchandises.

2. Les navires sont isolés à leur arrivée et tenus à l'écart, jusqu'à l'entier accomplissement des mesures sanitaires dont ils doivent être l'objet.

3. Constatation faite par le service sanitaire des conditions dans lesquelles se trouvent les navires, il est procédé, avant l'ouverture des écoutilles et préalablement à toute autre opération, au débarquement des passagers et de ceux des hommes d'équipage dont la présence à bord n'est pas indispensable.

4. Les cholériques et les personnes reconnues par la visite médicale atteintes de cholérine ou de toute autre affection de nature à devenir compromettante pour la santé publique sont immédiatement déposés, pour y être traités à part, au lazaret ou dans un local pouvant en tenir lieu.

5. Les autres personnes sont retenues en observation, soit dans le lazaret même, soit dans un autre lieu isolé que désigne l'autorité sanitaire, et elles y sont soumises, selon les cas, aux mesures d'hygiène et de salubrité prescrites par les règlements.

6. L'observation est de trois à sept jours pleins, à partir du débarquement.

7. Une décision motivée de l'autorité sanitaire détermine, dans les limites ci-dessus fixées, la durée de l'observation pour chaque cas particulier.

8. Le maximum est applicable aux provenances jugées dangereuses, soit à cause des faits ou accidents sanitaires survenus pendant la traversée, soit à raison de la mauvaise tenue du navire, de la nature et de l'état du chargement, du nombre ou des conditions hygiéniques des hommes d'équipage et des passagers.

Le minimum peut être appliqué lorsque le navire est propre, bien tenu, non encombré, et qu'il n'est survenu aucun fait ou accident sanitaire pendant la traversée.

9. Lorsque les arrivages ont lieu par des navires de guerre reconnus sains ou par des navires principalement installés pour le transport rapide des voyageurs, dont les cales ont été suffisamment aérées pendant la traversée; qu'il y a à bord un médecin sanitaire commissionné ou en faisant fonctions, et qu'il n'est survenu aucun fait ou accident de nature à compromettre la santé publique, les passagers et l'agent des postes peuvent être admis à libre pratique après l'accomplissement des visites et constatations nécessaires.

10. Les effets à usage des personnes mises en observation sont soumis aux mesures d'assainissement prescrites par les règlements. Le linge sale est toujours lessivé.

11. Il est procédé, à l'égard des navires et de leur chargement, conformément aux prescriptions de l'arrêté ministériel du 30 août 1861 et du décret du 7 septembre 1863.

12. La durée des opérations est réglée par le service sanitaire, d'après les conditions dans lesquelles le bâtiment se trouve et le degré d'insalubrité qu'il présente.

13. Les hommes de l'équipage qui ont été employés au nettoyage du navire et ceux qui les ont

assistés dans ce travail sont, après l'opération terminée, soumis à l'observation de trois à sept jours.

14. Les lettres et paquets continuent à être soumis aux purifications réglementaires.

15. Les personnes destinées à reprendre la mer et celles qui voyagent en corps peuvent être tenues de se rembarquer au lazaret même et sans entrer en ville.

16. Lorsque les circonstances locales ne permettent pas d'exécuter, soit l'ensemble, soit quelques-unes des dispositions ci-dessus, il en est référé par l'autorité sanitaire à notre ministre de l'agriculture, du commerce et des travaux publics, qui prescrit les mesures nécessaires pour sauvegarder la santé publique.

17. Les règlements sanitaires antérieurs sont maintenus en tout ce qui n'est pas contraire aux dispositions qui précèdent.

773

27 juin 1866 (11e série, no 14,336). — *Loi concernant les crimes, les délits et les contraventions commis à l'étranger.*

ART. 1er. Les art. 5, 6, 7 et 187 du Code d'instruction criminelle sont abrogés et seront remplacés ainsi qu'il suit :

5. Tout Français qui, hors du territoire de la France, s'est rendu coupable d'un crime puni par la loi française, peut être poursuivi et jugé en France.

Tout Français qui, hors du territoire de la France, s'est rendu coupable d'un fait qualifié délit par la loi française, peut être poursuivi et jugé France, si le fait est puni par la législation du pays où il a été commis.

Toutefois, qu'il s'agisse d'un crime ou d'un délit, aucune poursuite n'a lieu si l'inculpé prouve qu'il a été jugé définitivement à l'étranger.

En cas de délit commis contre un particulier français ou étranger, la poursuite ne peut être intentée qu'à la requête du ministère public ; elle doit être précédée d'une plainte de la partie offensée ou d'une dénonciation officielle à l'autorité française par l'autorité du pays où le délit a été commis.

Aucune poursuite n'a lieu avant le retour de l'inculpé en France, si ce n'est pour les crimes énoncés en l'art. 7 ci-après.

6. La poursuite est intentée à la requête du ministère public du lieu où réside le prévenu ou du lieu où il peut être trouvé.

Néanmoins, la Cour de cassation peut, sur la demande du ministère public ou des parties, renvoyer la connaissance de l'affaire devant une Cour ou un tribunal plus voisin du lieu du crime ou du délit.

7. Tout étranger qui, hors du territoire de la France, se sera rendu coupable, soit comme auteur, soit comme complice, d'un crime attentatoire à la sûreté de l'Etat, ou de contrefaçon du sceau de l'Etat, de monnaies nationales ayant cours, de papiers nationaux, de billets de banque autorisés par la loi, pourra être poursuivi et jugé d'après les dispositions des lois françaises, s'il est arrêté en France ou si le Gouvernement obtient son extradition.

187. La condamnation par défaut sera comme non avenue si, dans les cinq jours de la signification qui en aura été faite au prévenu ou à son domicile, outre un jour par cinq myriamètres, celui-ci forme opposition à l'exécution du jugement et notifie son opposition tant au ministère public qu'à la partie civile.

Les frais de l'expédition, de la signification du jugement par défaut et de l'opposition pourront être laissés à la charge du prévenu.

Toutefois, si la signification n'a pas été faite à personne ou s'il ne résulte pas d'actes d'exécution du jugement que le prévenu en a eu connaissance, l'opposition sera recevable jusqu'à l'expiration des délais de la prescription de la peine.

2. Tout Français qui s'est rendu coupable de délits et contraventions en matière forestière, rurale, de pêche, de douanes ou de contributions indirectes sur le territoire de l'un des Etats limitrophes, peut être poursuivi et jugé en France, d'après la loi française, si cet Etat autorise la poursuite de ses regnicoles pour les mêmes faits commis en France.

La réciprocité sera légalement constatée par des conventions internationales ou par un décret publié au *Bulletin des lois.*

774

27 juin 1866 (11e série, no 14,363).— *Décret impérial concernant la fixation de l'abonnement à la redevance proportionnelle des mines.*

ART. 1er. A l'avenir, l'abonnement à la redevance proportionnelle des mines sera réglé, pour les exploitants qui le demanderont, sur le produit net moyen des cinq dernières années pour lesquelles l'impôt à la redevance aura été régulièrement établi.

Il ne sera pas tenu compte, dans lesdites cinq années, de celles qui n'auront pas donné de produit net.

L'abonnement, fixé comme il est dit au paragraphe précédent, sera maintenu pendant une durée de cinq ans.

2. Il n'est pas dérogé au droit qui appartient à l'administration, en vertu soit de l'art. 35 de la loi du 21 avril 1810 (1), soit de l'art. 33 du décret du 6 mai 1811 (2), de rejeter les demandes d'abonnement lorsqu'il résultera de l'instruction que l'exploitation a été dirigée en vue d'altérer la sincérité des bases de l'abonnement.

Toutefois, le refus d'une soumission d'abonnement ne pourra être prononcé que par une décision ministérielle rendue après avis du conseil général des mines et des sections réunies des travaux publics et des finances du conseil d'Etat.

3. Est et demeure abrogé notre décret susvisé du 30 juin 1860 (3).

775

30 juin 1866. (11e série, no 14,351). — *Loi relative aux indemnités à allouer pour tous les animaux dont l'autorité publique aura ordonné ou ordonnera l'abatage par suite du typhus contagieux des bêtes à cornes.*

ARTICLE UNIQUE. Les indemnités allouées pour tous les animaux dont l'autorité publique aura ordonné ou ordonnera l'abatage, par suite du typhus contagieux des bêtes à cornes, seront fixées aux trois quarts de la valeur.

776

30 juin 1866 (11e série, no 14,364).— *Décret impérial qui rend applicables aux commissaires civils investis des fonctions judiciaires les*

(1) V. 3e part., p. 112.
(2) V. 3e part., p. 117.
(3) V. Supp. de 1860, no 239.

dispositions du décret du 17 mars 1866 (1), portant extension de la juridiction des juges de paix de l'Algérie.

777

2 juillet 1866 (11e série, n° 14,532). — *Décret impérial sur les écoles normales primaires.*

778

4 juillet 1866 (11e série, n° 14,360).— *Sénatus-consulte portant modification du sénatus-consulte du 3 mai 1854 (2), qui règle la constitution des colonies de la Martinique, de la Guadeloupe et de la Réunion.*

SÉNATUS-CONSULTE

PORTANT MODIFICATION DU SÉNATUS-CONSULTE DU 3 MAI 1854, RELATIF A LA CONSTITUTION DES COLONIES DE LA MARTINIQUE, DE LA GUADELOUPE ET DE LA RÉUNION.

Art. 1er. Le conseil général statue :

1° Sur les acquisitions, aliénations et échanges des propriétés mobilières et immobilières de la colonie, quand ces propriétés ne sont pas affectées à un service public;

2° Sur le changement de destination ou d'affectation des propriétés de la colonie, lorsque ces propriétés ne sont pas affectées à un service public;

3° Sur le mode de gestion des propriétés de la colonie;

4° Sur les baux de biens donnés ou pris à ferme ou à loyer, quelle qu'en soit la durée;

5° Sur les actions à intenter ou à soutenir au nom de la colonie, sauf dans le cas d'urgence, où le gouverneur peut intenter toute action ou y défendre, sans délibération préalable du conseil général, et faire tous actes conservatoires;

6° Sur les transactions qui concernent les droits de la colonie;

7° Sur l'acceptation ou le refus des dons et legs faits à la colonie sans charges ni affectation immobilière, quand ces dons et legs ne donnent pas lieu à la réclamation;

8° Sur le classement, la direction et le déclassement des routes;

9° Sur le classement, la direction et le déclassement des chemins d'intérêt collectif, la désignation des communes qui doivent concourir à l'entretien de ces chemins et les subventions qu'ils peuvent recevoir sur les fonds coloniaux, le tout sur l'avis des conseils municipaux;

10° Sur les offres faites par les communes, par des associations ou des particuliers, pour concourir à la dépense des routes, des chemins ou d'autres travaux à la charge de la colonie;

11° Sur les concessions, à des associations, à des compagnies ou à des particuliers, de travaux d'intérêt colonial;

12° Sur la part contributive de la colonie dans la dépense des travaux à exécuter par l'Etat et qui intéressent la colonie;

13° Sur les projets, plans et devis des travaux exécutés sur les fonds de la colonie;

14° Sur les assurances des propriétés mobilières et immobilières de la colonie;

15° Sur l'établissement et l'organisation des caisses de retraite ou autres modes de rémunération, en faveur du personnel autre que le personnel emprunté aux services métropolitains.

Le conseil général vote également les taxes et contributions de toute nature nécessaires pour l'acquittement des dépenses de la colonie.

Les délibérations prises sur ces diverses matières sont définitives et deviennent exécutoires si, dans le délai d'un mois à partir de la clôture de la session, le gouverneur n'en a pas demandé l'annulation pour excès de pouvoir, pour violation d'un sénatus-consulte, d'une loi ou d'un règlement d'administration publique.

Cette annulation est prononcée sur le rapport du ministre de la marine et des colonies, par décret de l'Empereur rendu dans la forme des règlements d'administration publique.

2. Le conseil général vote les tarifs d'octroi de mer sur les objets de toute provenance, ainsi que les tarifs de douanes sur les produits étrangers, naturels ou fabriqués, importés dans la colonie.

Les tarifs de douanes votés par le conseil général sont rendus exécutoires par décrets de l'Empereur, le Conseil d'Etat entendu.

3. Le conseil général délibère :

1° Sur les emprunts à contracter et les garanties pécuniaires à consentir;

2° Sur l'acceptation ou le refus des dons et legs faits à la colonie en dehors des conditions spécifiées au paragraphe 7 de l'article 1er;

3° Sur le mode de recrutement et de protection des immigrants;

4° Sur le mode d'assiette et les règles de perception des contributions et taxes;

5° Sur les frais de matériel des services de la justice et des cultes; sur les frais de personnel et de matériel du secrétariat du gouvernement, de l'instruction publique, de la police générale, des ateliers de discipline et des prisons;

6° Sur le concours de la colonie dans les dépenses des travaux qui intéressent à la fois la colonie et les communes;

7° Sur la part de la dépense des aliénés et des enfants assistés à mettre à la charge des communes et sur les bases de la répartition à faire entre elles; sur le règlement d'admission dans un établissement public des aliénés dont l'état n'est pas compromettant pour l'ordre public et la sûreté des personnes;

8° Sur l'établissement, le changement ou la suppression des foires et marchés.

Un règlement d'administration publique déterminera le mode d'approbation des délibérations prises par le conseil général en vertu du présent article.

4. Le conseil général donne son avis :

Sur les changements proposés à la circonscription du territoire des arrondissements, des cantons et des communes, et à la désignation des chefs-lieux;

Sur les difficultés relatives à la répartition de la dépense des travaux qui intéressent plusieurs communes;

Et, en général, sur toutes les questions d'intérêt colonial dont la connaissance lui est réservée par les règlements ou sur lesquelles il est consulté par le gouverneur.

5. Le budget de la colonie est délibéré par le conseil général et arrêté par le gouverneur.

Il comprend :

1° Les recettes de toute nature, autres que celles provenant de la vente ou de la cession d'objets payés sur les fonds généraux du Trésor, et des retenues sur les traitements inscrits au budget de l'Etat;

2° Toutes les dépenses autres que celles relatives :

Au traitement du governeur,

Au personnel de la justice et des cultes,

Au service du trésorer payeur,

Aux services militaires.

(1) V. *suprà*, n° 754.

(2) V. 5e partie 436.

6. Des subventions peuvent être accordées aux colonies sur le budget de l'État.

Des contingents peuvent leur être imposés jusqu'à concurrence des dépenses civiles maintenues au compte de l'État par l'article ci-dessus et jusqu'à concurrence des suppléments coloniaux de la gendarmerie et des troupes.

La loi annuelle de finances règle la quotité de la subvention accordée à chaque colonie, ou du contingent qui lui est imposé.

7. Le budget des dépenses est divisé en deux sections comprenant :

La première, les dépenses obligatoires ;

La seconde, les dépenses facultatives.

Sont obligatoires :

Les dettes exigibles ;

Le minimum des frais de personnel et de matériel de la direction de l'intérieur, fixé par décret de l'Empereur ;

Les frais de matériel de la justice et des cultes ;

Le loyer, l'ameublement et l'entretien du mobilier de l'hôtel du gouverneur ;

Les frais de personnel et de matériel du secrétariat du gouvernement, des ateliers de discipline et des prisons ;

La part afférente à la colonie dans les frais de personnel et de matériel de l'instruction publique et de la police générale, et dans les dépenses des enfants assistés et des aliénés ;

Le casernement de la gendarmerie ;

Le rapatriement des immigrants à l'expiration de leur engagement ;

Les frais d'impression des budgets et comptes des recettes et des dépenses du service local et des tables décennales de l'état civil ;

Les contingents qui peuvent être mis à la charge de la colonie, conformément à l'article 6.

La première section comprend, en outre, un fonds de dépenses diverses et imprévues, dont le ministre détermine, chaque année, le minimum, et qui est mis à la disposition du gouverneur.

8. Si les dépenses obligatoires ont été omises ou si le gouverneur, en conseil privé, estime que les allocations portées pour une ou plusieurs de ces dépenses sont insuffisantes, le gouverneur y pourvoit provisoirement à l'aide du fonds de dépenses diverses et imprévues.

En cas d'insuffisance de ce fonds, il en réfère au ministre, qui, sur sa proposition, inscrit d'office les dépenses omises ou augmente les allocations.

Il est pourvu par le gouverneur, en conseil privé, à l'acquittement de ces dépenses au moyen soit d'une réduction des dépenses facultatives, soit d'une imputation sur les fonds libres, ou, à défaut, par une augmentation du tarif des taxes.

9. Les dépenses votées par le conseil général à la deuxième section du budget ne peuvent être changées ni modifiées par le gouverneur, sauf dans le cas prévu par l'article précédent et à moins que les dépenses facultatives n'excèdent les ressources ordinaires de l'exercice après prélèvement des dépenses obligatoires.

Le ministre de la marine et des colonies prononce définitivement sur ces changements ou modifications.

10. Si le conseil général ne se réunissait pas ou s'il se séparait sans avoir voté le budget, le ministre de la marine et des colonies l'établirait d'office, sur la proposition du gouverneur, en conseil privé.

11. Les séances du conseil général ne sont pas publiques.

Le conseil général peut ordonner la publication de tout ou partie de ses délibérations ou procès-verbaux. Le nom des membres qui ont pris part aux discussions n'est pas mentionné.

Le conseil général peut adresser directement au ministre de la marine et des colonies, par l'intermédiaire de son président, les réclamations qu'il aurait à présenter dans l'intérêt spécial de la colonie, ainsi que son opinion sur l'état et les besoins des différents services publics de la colonie.

12. Sont abrogés les articles 13, 14, 15 et 16 du sénatus-consulte du 3 mai 1854 et les dispositions des articles 4 et 5, en ce qu'elles ont de contraire au présent sénatus-consulte.

779

11 juillet 1866 (11e série, n° 14,369). — ***Loi relative à l'amortissement.***

Art. 1er. Sont affectés à la caisse d'amortissement :

Les bois de l'État ;

La nue propriété des chemins de fer dont la jouissance a été concédée et doit faire retour à l'État.

2. La dotation annuelle de la caisse d'amortissement se compose :

1° Du produit net des coupes ordinaires et des produits accessoires des forêts ;

2° Du produit de l'impôt du dixième sur le prix des places et sur le transport des marchandises dans les chemins de fer ;

3° Des sommes à provenir du partage des bénéfices entre l'État et les compagnies de chemins de fer, stipulé par les conventions passées avec ces compagnies ;

4° Des bénéfices réalisés, chaque année, par la caisse des dépôts et consignations ;

5° Des arrérages des rentes qui seront rachetées par la caisse d'amortissement et immatriculées en son nom, en exécution de la présente loi ;

6° Des excédants de recettes du budget de l'État, qui seront affectés par la loi à cette destination.

3. La dotation de la caisse d'amortissement comprendra, en outre, à titre de recettes extraordinaires, les produits nets des coupes extraordinaires et aliénations de forêts qui pourront être autorisées par les lois et dont le montant n'aura pas été déjà ou ne serait pas à l'avenir affecté à des améliorations forestières.

4. La caisse d'amortissement est chargée :

1° Du paiement annuel des intérêts, primes et amortissements des emprunts spéciaux pour canaux ;

2° Du paiement annuel des sommes dues par l'État pour le rachat des actions de jouissance des canaux soumissionnés ;

3° Du paiement annuel des sommes dues par l'État pour le rachat de concessions de canaux et de ponts ;

4° Du paiement annuel des intérêts et de l'amortissement des obligations trentenaires du Trésor.

5. La caisse d'amortissement est, en outre, chargée de faire l'avance des sommes que l'État s'est engagé à payer aux compagnies de chemins de fer, à titre de garantie d'intérêt.

Le recouvrement ultérieur de ces avances et des intérêts à quatre pour cent y afférents viendra en accroissement des ressources qui lui sont attribuées en vertu de l'article 2 ci-dessus.

6. Les excédants annuels des ressources de la caisse d'amortissement seront employés, chaque année, en achat de rentes trois pour cent, qui seront immatriculées en son nom.

Ces achats devront s'élever au minimum de vingt millions, et, en cas d'insuffisance des excédants, il y

(1) V. 5e partie, p. 436.

sera pourvu par un prélèvement sur le budget de l'Etat.

La commission de surveillance déterminera, chaque mois, la somme qui pourra être employée à ces achats.

7. Les achats de rentes seront effectués avec publicité et concurrence.

Ils ne pourront avoir lieu qu'en rentes dont le cours sera au-dessous du pair.

8. Les rentes appartenant à la caisse d'amortissement ne pourront être aliénées ni distraites de leur affectation au rachat de la dette publique. Elles pourront être annulées en vertu d'une loi spéciale, mais seulement après le 1er janvier 1877.

9. Les ressources et les charges de la caisse d'amortissement formeront un budget spécial soumis, chaque année, au Corps législatif.

10. Les sommes versées à la caisse des retraites pour la vieillesse, et qui doivent être employées en rentes sur l'Etat, en exécution des lois qui régissent ladite caisse, seront portées, en recette et en dépense, au budget de la caisse d'amortissement.

Ces sommes pourront être employées en rentes quatre et demi et quatre pour cent, conformément à l'article 12 de la loi du 18 juin 1850 (1). Les rentes ainsi acquises continueront d'être immatriculées au nom de la caisse des retraites pour la vieillesse.

11. Sont abrogées la loi du 10 juin 1833 et les dispositions des lois des 28 avril 1816 et 25 mars 1817 contraires à la présente loi.

Seront rayées du grand-livre de la dette publique les rentes trois pour cent inscrites au Trésor au nom de la caisse d'amortissement et provenant des consolidations des fonds de réserve de l'amortissement effectuées du 8 août 1865 au 31 décembre 1866.

Ces rentes seront définitivement annulées, en capital et en arrérages, à dater du 1er octobre 1866.

Tous les bons qui représenteront, au 31 décembre 1866, la réserve de l'amortissement pour les trois mois précédents, seront restitués au Trésor par la caisse d'amortissement, sans qu'il lui soit délivré de rentes en échange.

780

14 juillet 1866 (11e série, n° 14.407). — *Loi sur les droits des héritiers et des ayants cause des auteurs.*

ART. **1er.** La durée des droits accordés par les lois antérieures aux héritiers, successeurs irréguliers, donataires ou légataires des auteurs, compositeurs ou artistes, est portée à cinquante ans, à partir du décès de l'auteur.

Pendant cette période de cinquante ans, le conjoint survivant, quel que soit le régime matrimonial, et indépendamment des droits qui peuvent résulter en faveur de ce conjoint du régime de la communauté, a la simple jouissance des droits dont l'auteur prédécédé n'a pas disposé par acte entre-vifs ou par testament.

Toutefois, si l'auteur laisse des héritiers à réserve, cette jouissance est réduite, au profit de ces héritiers, suivant les proportions et distinctions établies par les articles 913 et 915 du Code Napoléon.

Cette jouissance n'a pas lieu lorsqu'il existe, au moment du décès, une séparation de corps prononcée contre ce conjoint; elle cesse au cas où le conjoint contracte un nouveau mariage.

Les droits des héritiers à réserve et des autres héritiers ou successeurs, pendant cette période de cinquante ans, restent d'ailleurs réglés conformément aux prescriptions du Code Napoléon.

(1) V. 5e part., p. 23.

Lorsque la succession est dévolue à l'Etat, le droit exclusif s'éteint sans préjudice des droits des créanciers et de l'exécution des traités de cession qui ont pu être consentis par l'auteur ou par ses représentants.

2. Toutes les dispositions des lois antérieures contraires à celles de la loi nouvelle sont et demeurent abrogées.

781

14 juillet 1866 (11e série, n° 14,504). — *Décret impérial qui dispense les communes de l'accomplissement des formalités de la purge des hypothèques, pour les acquisitions d'immeubles faites de gré à gré, et dont le prix n'excède pas 500 francs.*

ART. **1er.** Les maires des communes autorisés à cet effet, par délibérations des conseils municipaux approuvées par les préfets, peuvent se dispenser de remplir les formalités de purge des hypothèques pour les acquisitions d'immeubles faites de gré à gré et dont le prix n'excède pas cinq cents francs (500 fr.).

2. L'article 1er de l'ordonnance royale du 18 avril 1842 est rapporté.

782

18 juillet 1866 (11e série, n° 14.434). — *Sénatus-consulte qui modifie la Constitution, et notamment les articles 40 et 41.*

SÉNATUS-CONSULTE

MODIFICATIF DE LA CONSTITUTION, ET NOTAMMENT DES ARTICLES 40 ET 41.

ART. **1er.** La Constitution ne peut être discutée par aucun pouvoir public autre que le Sénat procédant dans les formes qu'elle détermine.

Une pétition ayant pour objet une modification quelconque ou une interprétation de la Constitution ne peut être rapportée en séance générale que si l'examen en a été autorisé par trois au moins des cinq bureaux du Sénat.

2. Est interdite toute discussion ayant pour objet la critique ou la modification de la Constitution, et publiée ou reproduite soit par la presse périodique, soit par des affiches, soit par des écrits non périodiques des dimensions déterminées par le paragraphe 1er de l'article 9 du décret du 17 février 1852 (1).

Les pétitions ayant pour objet une modification ou une interprétation de la Constitution ne peuvent être rendues publiques que par la publication du compte rendu officiel de la séance dans laquelle elles ont été rapportées.

Toute infraction aux prescriptions du présent article constitue une contravention punie d'une amende de cinq cents à dix mille francs.

3. L'article 40 de la Constitution du 14 janvier 1852 est modifié ainsi qu'il suit :

Art. 40. Les amendements adoptés par la commission chargée d'examiner un projet de loi sont renvoyés au Conseil d'Etat par le président du Corps législatif.

Les amendements non adoptés par la commission ou par le Conseil d'Etat peuvent être pris en considération par le Corps législatif et renvoyés à un nouvel examen de la commission.

Si la commission ne propose pas de rédaction nou-

(1) V. 4re partie, p. 110.

velle, ou si celle qu'elle propose n'est pas adoptée par le Conseil d'État, le texte primitif du projet est seul mis en délibération.

4. La disposition de l'article 41 de la Constitution du 14 janvier 1852, qui limite à trois mois la durée des sessions ordinaires du Corps législatif, est abrogée. Un décret de l'Empereur prononce la clôture de la session.

L'indemnité attribuée aux députés au Corps législatif est fixée à douze mille cinq cents francs pour chaque session ordinaire, quelle qu'en soit la durée.

En cas de session extraordinaire, l'indemnité continue à être réglée conformément à l'article 14 du sénatus-consulte du 25 décembre 1852 (1).

783

18 juillet 1866 (11e série, n° 14,438). — ***Lois sur les conseils généraux.***

Art. 1er. Les conseils généraux statuent définitivement sur les affaires ci-après désignées, savoir :

1° Acquisition, aliénation et échange de propriétés départementales, mobilières ou immobilières, quand ces propriétés ne sont pas affectées à l'un des services énumérés au n° 4;

2° Mode de gestion des propriétés départementales;

3° Baux de biens donnés ou pris à ferme ou à loyer, quelle qu'en soit la durée;

4° Changement de destination des propriétés et des édifices départementaux autres que les hôtels de préfecture et de sous-préfecture et les locaux affectés aux Cours et tribunaux, au casernement de la gendarmerie et aux prisons;

5° Acceptation ou refus de dons et legs faits au département sans charges ni affectation immobilière, quand ces dons et legs ne donnent pas lieu à réclamation;

6° Classement et direction des routes départementales, lorsque le tracé desdites routes ne se prolonge pas sur le territoire d'un autre département; projets, plans et devis des travaux à exécuter pour la construction, la rectification ou l'entretien des routes départementales; le tout sauf l'exécution des lois et règlements sur l'expropriation pour cause d'utilité publique;

Projets, plans et devis de tous autres travaux à exécuter sur les fonds départementaux;

7° Classement et direction des chemins vicinaux de grande communication; désignation des chemins vicinaux d'intérêt commun; désignation des communes qui doivent concourir à la construction et à l'entretien desdits chemins, le tout sur l'avis des conseils municipaux et d'arrondissement;

Répartition des subventions accordées sur les fonds départementaux aux chemins vicinaux de grande communication ou d'intérêt commun;

8° Offres faites par des communes, par des associations ou des particuliers pour concourir à la dépense des routes départementales ou d'autres travaux à la charge des départements;

9° Déclassement des routes départementales, des chemins vicinaux de grande communication et d'intérêt commun, lorsque leur tracé ne se prolonge pas sur le territoire d'un ou de plusieurs départements;

10° Désignation des services auxquels sera confiée l'exécution des travaux sur les chemins vicinaux de grande communication et d'intérêt commun, et mode d'exécution des travaux à la charge du département autres que ceux des routes départementales;

11° Emploi des fonds libres provenant d'emprunts ou de centimes extraordinaires recouvrés ou à recouvrer dans le cours de l'exercice;

12° Assurances des bâtiments départementaux;

13° Actions à intenter ou à soutenir au nom du département, sauf les cas d'urgence, dans lesquels le préfet pourra agir conformément à l'art. 36 de la loi du 10 mai 1838 (1);

14° Transaction concernant les droits des départements;

15° Recettes et dépenses des établissements d'aliénés appartenant au département; approbation des traités passés avec des établissements privés ou publics pour le traitement des aliénés du département;

16° Service des enfants assistés.

Les délibérations prises par les conseils généraux sur les matières énoncées aux nos 6, 7, 15 et 16 ci-dessus sont exécutoires si, dans le délai de deux mois, à partir de la clôture de la session, un décret impérial n'en a pas suspendu l'exécution.

2. Les conseils généraux peuvent voter, dans la limite d'un maximum qui sera annuellement fixé par la loi de finances, des centimes extraordinaires affectés à des dépenses extraordinaires d'utilité départementale.

Ils peuvent voter également les emprunts départementaux remboursables dans un délai qui ne pourra excéder douze années, sur ces centimes extraordinaires ou sur les ressources ordinaires.

3. Les délibérations par lesquelles les conseils généraux statuent définitivement sont exécutoires si, dans un délai de deux mois, à partir de la clôture de la session, elles n'ont pas été annulées pour excès de pouvoir ou pour violation d'une disposition de la loi ou d'un règlement d'administration publique.

Cette annulation ne peut être prononcée que par un décret rendu dans la forme des règlements d'administration publique.

4. Le conseil général fixe, chaque année, le maximum du nombre des centimes extraordinaires que les conseils municipaux sont autorisés à voter, pour en affecter le produit à des dépenses extraordinaires d'utilité communale. Si le conseil général se sépare sans l'avoir fixé, le maximum arrêté pour l'année précédente est maintenu jusqu'à la session suivante.

Le maximum ne peut dépasser vingt centimes.

5. Chaque année, le préfet présente au conseil général le relevé de tous les emprunts communaux et de toutes les contributions extraordinaires communales qui ont été votés depuis sa session précédente, avec indication du chiffre total des centimes extraordinaires et des dettes dont chaque commune est grevée.

Le préfet soumet également au conseil général le compte annuel de l'emploi des ressources municipales affectées aux chemins vicinaux de grande communication et d'intérêt commun.

6. Le budget départemental est divisé en budget ordinaire et budget extraordinaire.

Les dépenses comprises aujourd'hui dans les premières, deuxième, quatrième et cinquième sections des budgets départementaux forment le budget ordinaire.

Les recettes du budget ordinaire se composent :

1° Du produit des centimes additionnels portant sur les contributions foncière et personnelle mobilière, votés annuellement par le conseil général dans les limites déterminées par la loi de finances.

Ces centimes comprendront à l'avenir les sept centimes qui forment aujourd'hui le fonds commun;

2° Des produits éventuels énoncés aux nos 5, 6, 7 et 8 de l'article 10 de la loi du 10 mai 1838 (2);

(1) V. 1re partie, p. 11.

(1) V. 1re part., p. 64.
(2) V. 2e partie, p. 63.

3° Du produit des centimes autorisés pour les dépenses des chemins vicinaux et de l'instruction primaire, dont l'affectation spéciale est maintenue.

Les recettes du budget extraordinaire se composent:

1° Du produit des centimes extraordinaires votés annuellement par le conseil général dans les limites déterminées par la loi de finances, ou autorisés par des lois spéciales;

2° Du produit des biens aliénés;

3° Des dons et legs;

4° Du remboursement des capitaux exigibles et des rentes rachetées;

5° Du produit des emprunts;

6° De toutes autres recettes accidentelles.

A l'avenir, les forêts et les bois de l'Etat acquitteront les centimes additionnels ordinaires et extraordinaires affectés aux dépenses des départements dans la proportion de la moitié de leur valeur imposable, le tout sans préjudice des dispositions de l'article 13 de la loi du 21 mai 1836 (1) et de l'article 3 de la loi du 12 juillet 1865 (3).

Tout centime additionnel, soit ordinaire, soit extraordinaire, qui serait ultérieurement établi en sus de ceux actuellement autorisés, portera sur toutes les contributions directes.

7. Il est créé, sur les ressources générales du budget, un fonds sur lequel les départements dont la situation financière l'exige reçoivent une allocation.

Le fonds est fixé à la somme de quatre millions de francs (4,000,000 fr.). Il est inscrit au budget du ministère de l'intérieur; la répartition en est réglée annuellement par un décret impérial, rendu en Conseil d'Etat.

8. Les départements qui, pour assurer le service des chemins vicinaux et de l'instruction primaire, n'auront pas besoin de faire emploi de la totalité des centimes spéciaux établis en exécution des lois des 21 mai 1836 (2) et 15 mars 1850 (3), pourront en appliquer le surplus aux autres dépenses de leur budget ordinaire.

Les départements qui seraient en situation d'user de la faculté autorisée par le paragraphe précédent, et n'en feraient pas usage, ne pourront recevoir aucune allocation.

9. Les fonds qui n'auront pu recevoir leur emploi dans le cours de l'exercice seront reportés, après clôture, sur l'exercice en cours d'exécution, avec l'affectation qu'ils avaient au budget voté par le conseil général. — Les fonds libres seront cumulés, suivant la nature de leur origine, avec les ressources de l'exercice en cours d'exécution, pour recevoir l'affectation nouvelle qui pourra leur être donnée par le conseil général dans le budget rectificatif de l'exercice courant.

Les conseils généraux peuvent porter au budget un crédit pour dépenses imprévues.

10. Si un conseil général omet d'inscrire au budget un crédit suffisant pour l'acquittement des dépenses suivantes :

1° Loyer et entretien des hôtels de préfecture et de sous-préfecture;

2° Casernement ordinaire des brigades de gendarmerie;

3° Loyer, mobilier et menues dépenses des cours et tribunaux, et moyenne dépense des justices de paix.

Il y est pourvu au moyen d'une contribution spéciale portant sur les quatre contributions directes et établie par un décret impérial dans les limites du maximum fixé annuellement par la loi de finances, ou par une loi, si la contribution doit excéder ce maximum.

Le décret est rendu dans la forme des règlements d'administration publique. Il est inséré au *Bulletin des lois.*

(1) V. 5e part., p. 136.
(2) V. 5e part., p. 297.
(3) V. Suppl., 1865, n° 704.

11. Aucune dépense autre que celles énoncées en l'article précédent ne peut être inscrite d'office dans le budget ordinaire, et les allocations qui y sont portées par le conseil général ne peuvent être ni changées ni modifiées par le décret impérial qui règle le budget.

12. Les dispositions financières de la présente loi ne seront applicables qu'à partir de l'exercice 1868.

13. Sont applicables à l'administration du département de la Seine les dispositions de la présente loi, celles de la loi du 10 mai 1838 (4) et celles du décret du 25 mars 1852 (5).

14. Nonobstant les dispositions de l'article précédent, le département de la Seine ne pourra établir aucune imposition extraordinaire ni contracter aucun emprunt sans y être autorisé par une loi.

15. Toutes les dispositions de lois antérieures demeurent abrogées en ce qu'elles ont de contraire à la présente loi.

784

18 juillet 1866 (11e série, n° 14,444). — *Loi sur les courtiers de marchandises.*

TITRE Ier. — DE L'EXERCICE DE LA PROFESSION DE COURTIER DE MARCHANDISES.

ART. 1er. A partir du 1er janvier 1867, toute personne sera libre d'exercer la profession de courtier de marchandises, et les dispositions contraires du Code de commerce, des lois, décrets, ordonnances et arrêtés actuellement en vigueur seront abrogées.

2. Il pourra être dressé par le tribunal de commerce une liste des courtiers de marchandises de la localité qui auront demandé à y être inscrits.

Nul ne pourra être inscrit sur ladite liste s'il ne justifie : 1° de sa moralité par un certificat délivré par le maire; 2° de sa capacité professionnelle par l'attestation de cinq commerçants de la place faisant partie des notables chargés d'élire le tribunal de commerce ; 3° de l'acquittement d'un droit d'inscription une fois payé au Trésor. Ce droit d'inscription, qui ne pourra excéder trois mille francs, sera fixé, pour chaque place, en raison de son importance commerciale, par un décret rendu en la forme des règlements d'administration publique, et cessera d'être exigé à l'époque où sera amortie l'avance du Trésor, dont il sera parlé à l'article 17.

Aucun individu en état de faillite, ayant fait abandon de biens ou atermoiements sans s'être depuis réhabilité, ou ne jouissant pas des droits de citoyen français, ne pourra être inscrit sur la liste dont il vient d'être parlé.

Tout courtier inscrit sera tenu de prêter, devant le tribunal de commerce, dans la huitaine de son inscription, le serment de remplir avec honneur et probité les devoirs de sa profession.

Il sera également tenu de se soumettre, en tout ce qui se rapporte à la discipline de sa profession, à la juridiction d'une chambre syndicale, qui sera établie comme il est dit à l'article suivant.

3. Tous les ans, dans le courant d'août, les courtiers inscrits éliront parmi eux les membres qui devront composer, pour l'année, la chambre syndicale.

L'organisation et les pouvoirs disciplinaires de cette chambre seront déterminés dans un règlement dressé pour chaque place par le tribunal de commerce, après avis de la chambre de commerce ou de la chambre consultative des arts et manufactures.

Ce règlement sera soumis à l'approbation du mi-

(3) V. 1re partie, p. 62.
(5) V. 1re partie, p. 78.

nistre de l'agriculture, du commerce et des travaux publics.

La chambre syndicale pourra prononcer, sauf appel devant le tribunal de commerce, les peines disciplinaires suivantes :

L'avertissement ;

La radiation temporaire ;

La radiation définitive, sans préjudice des actions civiles à intenter par les tiers intéressés, ou même de l'action publique, s'il y a lieu.

Si le nombre des courtiers inscrits n'est pas suffisant pour la constitution d'une chambre syndicale, le tribunal de commerce en remplira les fonctions.

4. Les ventes publiques de marchandises aux enchères et en gros qui, dans les divers cas prévus par la loi, doivent être faites par un courtier, ne pourront être confiées qu'à un courtier inscrit sur la liste dressée conformément à l'article 2, ou à défaut de liste, désigné, sur la requête des parties intéressées, par le président du tribunal de commerce.

5. A défaut d'experts désignés d'accord entre les parties, les courtiers inscrits pourront être requis pour l'estimation des marchandises déposées dans un magasin général.

Si le courtier requis dans le cas prévu par le paragraphe qui précède réclame plus d'une vacation, il sera statué par le président du tribunal de commerce sans frais et sans recours.

6. Le courtier chargé de procéder à une vente publique, ou qui aura été requis pour l'estimation de marchandises déposées dans un magasin général, ne pourra se rendre acquéreur, pour son compte, des marchandises dont la vente ou l'estimation lui aura été confiée.

Le courtier qui aura contrevenu à la disposition qui précède sera rayé par le tribunal de commerce, statuant disciplinairement et sans appel, sur la plainte d'une partie intéressée ou d'office, de la liste des courtiers inscrits, et ne pourra plus y être inscrit de nouveau, sans préjudice de l'action des parties en dommages-intérêts.

7. Tout courtier qui sera chargé d'une opération de courtage pour une affaire où il avait un intérêt personnel, sans en prévenir les parties auxquelles il aura servi d'intermédiaire, sera poursuivi devant le tribunal de police correctionnelle et puni d'une amende de cinq cents francs à trois mille francs, sans préjudice de l'action des parties en dommages-intérêts. S'il était inscrit sur la liste des courtiers dressée conformément à l'article 2, il en sera rayé et ne pourra plus y être inscrit de nouveau.

8. Les droits de courtage pour les ventes publiques et la quotité de chaque vacation due au courtier, pour l'estimation des marchandises déposées dans un magasin général, continueront à être fixés, pour chaque localité, par le ministre de l'agriculture, du commerce et des travaux publics, après avis de la chambre et du tribunal de commerce.

9. Dans chaque ville où il existe une bourse de commerce, le cours des marchandises sera constaté par les courtiers inscrits, réunis, s'il y a lieu, à un certain nombre de courtiers non inscrits et de négociants de la place, dans la forme qui sera prescrite par un règlement d'administration publique.

TITRE II.

DE L'INDEMNITÉ A PAYER AUX COURTIERS EN MARCHANDISES ACTUELLEMENT EN EXERCICE.

10. Les courtiers de marchandises actuellement en exercice seront indemnisés de la perte du droit de présenter leur successeur, qui avait été accordé par l'article 91 de la loi du 28 avril 1816 (1).

11. Dans chaque place, l'indemnité sera égale à la valeur des offices de courtiers de marchandises de la place, déterminée d'après le prix moyen des cessions d'offices de cette catégorie, effectuées dans les sept années antérieures au 1er juillet 1864.

Toutefois, dans les villes où la commission dont il sera ultérieurement parlé aura constaté que la clientèle était habituellement comprise dans les éléments qui servaient à déterminer le prix de cession des offices, la commission pourra décider qu'une quote-part des indemnités fixées comme il est dit ci-dessus, qui ne pourra excéder vingt pour cent, sera mise en commun et répartie entre les différents courtiers de la place, au prorata des produits de leur office de courtiers de marchandises pendant les sept années antérieures au 1er juillet 1864.

12. Dans les villes où aucune cession d'office n'aurait eu lieu dans les sept années, ainsi que pour les offices qui, au 1er juillet 1864, étaient encore entre les mains d'un titulaire de la création, la commission fixera l'indemnité, sans qu'elle puisse être supérieure à quatre fois la moyenne annuelle des produits de l'office pendant les sept années antérieures au 1er juillet 1864.

13. Dans le cas où le même individu aurait été autorisé à cumuler les fonctions de courtier de marchandises avec celles d'agent de change, de courtier d'assurances ou de courtier conducteur et interprète de navires, et où il exercera ces diverses fonctions en vertu d'un titre unique, l'indemnité, déterminée conformément aux articles précédents, sera réduite dans la proportion de la valeur du titre réduit aux fonctions non supprimées.

14. Les droits privilégiés existant aujourd'hui sur le prix des offices s'exerceront sur les indemnités allouées en vertu de la présente loi.

15. Le montant de l'indemnité à payer aux courtiers sera fixé sur les bases ci-dessus indiquées, la chambre syndicale entendue, et après avis du préfet, de la chambre de commerce et du tribunal de commerce, par une commission instituée à Paris par un décret de l'Empereur et composée de neuf membres.

Trois membres seront désignés par le ministre des finances.

Trois autres seront choisis dans chaque département, et pour les affaires de ce département, par les courtiers faisant partie des chambres syndicales, réunis par les soins et sous la présidence du préfet.

Les trois derniers membres nécessaires pour compléter la commission devront être choisis à l'unanimité par les six premiers.

Faute par ceux-ci de s'entendre dans le mois de la notification à eux faite de leur nomination, le choix de ceux des trois derniers membres qui n'auront pas été désignés à l'unanimité sera fait par le premier président et les présidents réunis de la Cour impériale de Paris.

Ses opérations commenceront dans les trois mois qui suivront la promulgation de la présente loi.

16. Le décret impérial qui instituera la commission en nommera le président et le secrétaire.

La commission ne pourra délibérer si elle ne compte au moins sept membres présents. En cas d'égalité de voix, celle du président sera prépondérante.

17. Les indemnités dues aux courtiers de marchandises en vertu des décisions de la commission nommée conformément à l'article 15 seront payées :

1° Un quart comptant le 1er janvier 1867 ;

2° Et les trois autres quarts, valeur au 1er janvier 1867, en dix annuités négociables, composées chacune de l'intérêt à quatre et demi pour cent et du fonds d'amortissement nécessaire pour opérer en dix ans, au même taux, la libération de l'État

(1) V. 2e partie, p. 327.

18. Le paiement du quart des indemnités effectué par le Trésor lui sera remboursé en capital et intérêts à quatre pour cent à partir de l'année 1867, et le service des annuités sera assuré au moyen des ressources suivantes :

1° Le montant des droits d'inscription qui seront payés par les courtiers inscrits, par application de l'article 2 ;

2° L'excédant du produit en principal et centimes additionnels établis au profit de l'État, des taxes des patentables mentionnés en l'article 20, réglées conformément audit article sur le produit des taxes des mêmes patentables réalisées en 1866.

En cas d'insuffisance desdites ressources, il sera pourvu aux voies et moyens par une loi spéciale.

19. Il sera dressé, tous les ans, dans la forme à déterminer par un règlement d'administration publique, un compte spécial dans lequel les ressources énoncées au précédent article seront appliquées :

1° Au service des annuités ;

2° Aux intérêts de l'avance faite par le Trésor pour le quart payé comptant ;

3° A l'amortissement de ladite avance jusqu'à concurrence du montant des ressources de l'année.

Ce compte sera l'objet d'un rapport à l'Empereur, qui sera communiqué au Corps législatif.

20. Les patentables qui sont actuellement compris dans la législation des patentes sous la dénomination de *commissionnaires en marchandises, courtiers de marchandises, facteurs de denrées et marchandises et représentants de commerce*, ainsi que tous les individus qui prêtent leur entremise pour l'achat et la vente des marchandises, ou qui achètent ou vendent des marchandises pour le compte de tiers, et dont la profession n'est pas spécialement dénommée dans les tableaux annexés aux lois de patentes, seront assujettis, à partir de 1867, aux droits de patentes fixés comme il suit :

A Paris	400 fr.
Dans les villes de cinquante mille âmes et au-dessus	300
Dans les villes de trente mille à cinquante mille âmes et dans les villes de quinze mille à trente mille âmes qui ont un entrepôt réel	200
Dans les villes de quinze mille à trente mille âmes et dans les villes d'une population inférieure à quinze mille âmes qui ont un entrepôt réel	150
Dans les autres communes.	75

Droit proportionnel au quinzième.

Si les opérations que font les patentables ci-dessus énumérés ou auxquelles ils prêtent leur entremise ont pour objet habituel la vente aux marchands détaillants et aux consommateurs, les droits de patentes seront ceux de la quatrième classe du tableau A annexé à la loi du 25 avril 1844 (1).

785

18 juillet 1866 (11° série, n° 14,457). — *Loi portant fixation des dépenses et des recettes ordinaires de l'exercice* 1867.

. . . .

3. A partir du 1er janvier 1867, les baux et échanges de biens immeubles, les actes énumérés au paragraphe 7, nos 1, 3, 4, 5 et 6 de l'art. 69 de la loi du 22 frimaire an VII (2), les obligations et libérations hypothécaires cesseront d'être soumis au demi-décime établi par le paragraphe 1er de l'article 3 (1) de la loi du 8 juin 1864.

La perception de ce demi-décime continuera d'être effectuée, pour l'exercice 1867, sur tous les autres droits et produits dont le recouvrement est confié à l'administration de l'enregistrement.

L'article 15 de la loi du 23 juin 1857 (2) relatif à la perception d'un deuxième décime sur les autres impôts indirects qui supportent le premier décime, continuera à recevoir son exécution pour le même exercice 1867.

4. A partir du 1er janvier 1867, le droit de timbre du papier des affiches est fixé de la manière suivante :

Par feuille de douze décimètres et demi carrés et au-dessous	0 f. 05 c.
Au-dessus de douze décimètres et demi jusqu'à vingt-cinq décimètres carrés.	0 10
Au-dessus de vingt-cinq décimètres jusqu'à cinquante décimètres carrés	0 15
Au delà de cette dernière dimension. .	0 20

Dans le cas où une affiche contiendrait plusieurs annonces distinctes, le maximum ci-dessus fixé sera toujours exigible. Ce maximum sera doublé si l'affiche contient plus de cinq annonces.

Les affiches peuvent être imprimées sur papier non timbré, pourvu que le timbre y soit apposé avant l'affichage.

Néanmoins sont maintenues, en cas de contraventions aux paragraphes qui précèdent, les amendes et pénalités édictées par l'article 69 (3) de la loi du 28 avril 1816 modifiée par l'article 10 (4) de la loi du 16 juin 1824.

5. Les dispositions de l'art. 18 de la loi du 26 juillet 1860 (5), relatif à l'élévation du droit de consommation des alcools, sont prorogées jusqu'à la fin de l'année 1867.

. . . .

11. Lorsque, en exécution du paragraphe 4 de l'article 39 de la loi du 18 juillet 1837 (6), il y aura lieu, par le Gouvernement, d'imposer d'office sur les communes des centimes additionnels pour le paiement des dépenses obligatoires, le nombre de ces centimes ne pourra excéder le maximum de dix, à moins qu'il ne s'agisse de l'acquit de dettes résultant de condamnations judiciaires, auquel cas il pourra être élevé jusqu'à vingt.

. . . .

13. En cas d'insuffisance des revenus ordinaires pour l'établissement des écoles primaires communales, élémentaires ou supérieures, les conseils municipaux et les conseils généraux des départements sont autorisés à voter pour 1867, à titre d'imposition spéciale destinée à l'instruction primaire, des centimes additionnels au principal des quatre contributions directes. Toutefois, il ne pourra être voté, à ce titre, plus de trois centimes par les conseils municipaux, et plus de deux centimes par les conseils généraux.

14. En cas d'insuffisance des centimes facultatifs ordinaires pour concourir par des subventions aux dépenses des chemins vicinaux de grande communication et, dans des cas extraordinaires, aux dépenses des autres chemins vicinaux, les conseils généraux sont autorisés à voter pour 1867, à titre d'imposition spéciale, cinq centimes additionnels aux quatre contributions directes.

(1) V. 3e partie, p. 149.
(1) V. 2e part., p. 366.

(1) V. Supp. de 1854, n° 379.
(2) V. Supp. de 1857, n° 62.
(3) V. 2e part., p. 272.
(4) V. 2e part., p. 280.
(5) V. Supp. de 1860, n° 254
(6) V. 1re part., p. 60.

786

28 août 1866 (11e série, n° 14,571). — *Décret impérial concernant les Français faisant partie de la légion romaine.*

ART. 1er Les Français de tous grades qui feront partie de la légion romaine au moment où ce corps sera mis à la disposition du commissaire du Saint-Siége, conserveront la qualité de Français.

2. Il en sera de même pour les Français qui, ultérieurement, entreront dans la même légion, à la charge par eux de faire parvenir un extrait de l'acte d'engagement au ministère de la guerre.

3. Des états nominatifs des officiers, sous-officiers ou caporaux et soldats enrôlés dans la légion romaine seront transmis par le ministre de la guerre au garde des sceaux, ministre de la justice et des cultes, qui les déposera aux archives de la chancellerie.

4. Remise est faite à ces militaires des droits de sceau et d'enregistrement.

787

19 septembre 1866 (11e série, n° 14,599). — *Décret impérial déterminant la gratification qui doit être accordée pour la reprise des condamnés évadés des maisons centrales de force et de correction ou des pénitenciers agricoles.*

ART. 1er. En cas de reprise d'un condamné qui se sera évadé d'une maison centrale de force et de correction ou d'un pénitencier agricole, il sera alloué en gratification à tout individu qui aura arrêté et amené ce détenu une somme de cinquante francs.

2. La même gratification sera accordée dans le cas où l'évasion aurait eu lieu pendant le transfèrement opéré sous la conduite des agents du service des transports cellulaires.

3. Toute personne prétendant à cette gratification devra faire établir son droit par un procès-verbal émané de l'autorité locale et constatant l'arrestation, l'interrogatoire et la détention du condamné.

Sur le vu de ce procès-verbal, le préfet du département fera payer immédiatement la gratification à l'ayant droit.

4. Lorsqu'un individu repris sera conduit directement à l'établissement d'où il s'est évadé, le greffier comptable pourra être autorisé par le directeur à payer, sur sa caisse, le montant de la gratification allouée au capteur, sauf régularisation ultérieure par l'autorité préfectorale.

5. L'arrêté du Gouvernement du 18 vent. an XII (1) est abrogé en ce qu'il a de contraire au présent décret.

788

19 mars 1864-11 octobre 1866 (11e série, n° 14,608) (2). — *Décret impérial concernant les auditeurs de 1re classe près la Cour des comptes.*

ART. 1er. Les auditeurs de 1re classe près la Cour des comptes sont appelés, moitié par le choix, moitié par l'ancienneté, aux places que l'art. 4 du décret du 12 décembre 1860 (3) leur réserve dans l'ordre des conseillers référendaires de 2e classe.

(1) Ce décret est inséré au *Bulletin des lois*, 3e série, n° 3662.

(2) Ce décret n'a été inséré au *Bulletin des lois* que le 11 octobre 1866.

(3) V. Supp. de 1861, n° 327.

TABLE CHRONOLOGIQUE.

Supplément. — Année 1866.

DATES.	TITRES DES LOIS.	Nos du Supplément.
	1835	
7 déc.	O. Prêt à intérêt en Algérie..	719
	1849	
11 nov.	D. Suppression de l'arrêté du 5 nov. 1848 sur le prêt à intérêt en Algérie	720
	1854	
1er mars.	D. Organisation et service de la gendarmerie.	721
	1858	
1er févr.	Lettres patentes conférant la régence à S. M. l'Impératrice pour porter ledit titre à partir de l'avénement de l'Empereur mineur	722
	1861	
28 juin.	L. de finances	723
	1864	
1er oct.	D. Substances vénéneuses. . .	724
	1865	
26 août.	D. Traité de commerce avec les Pays-Bas, applicable à l'Angleterre, la Belgique, le Zollverein, etc. (prom. le 4 septembre 1865).	725
26 —	D. Traité de commerce avec les Pays-Bas (prom. le 4 sept. 1865)	726
26 —	D. Traité de commerce avec les Pays-Bas (prom. le 4 sept. 1865)	727
26 —	D. Pistolets de poche (prom. le 11 septembre 1865). . . .	728
26 —	D. Pêche fluviale (prom. le 22 septembre 1865)	729
	1865	
26 août.	D. Etablissements insalubres (prom. le 22 septembre 1865).	730
26 —	D. Loi du 23 juin 1857 et décrets des 17 juillet 1857 et 11 décembre 1864, exécutoires en Algérie (prom. le 4 octobre 1865).	731
5 sept.	D. Typhus contagieux des bêtes à cornes (prom. le 11 septembre 1865)	732
9 —	D. Convention littéraire avec le duché de Nassau (prom. le 22 septembre 1865) . .	733
27 —	D. Traité de commerce et convention littéraire avec le grand-duché de Mecklenbourg-Strélitz (prom. le 6 octobre 1865)	734
25 oct.	D. Secrétaires généraux de préfecture (prom. le 17 novembre 1865)	735
25 —	D. Chancellerie consulaire (prom. le 17 novembre 1865).	736
17 nov.	D. Associations syndicales (prom. le 16 décembre 1865)	737
21 —	D. Trésoriers-payeurs généraux (prom. le 12 mars 1866)..	738
2 déc.	D. Convention douanière avec la principauté de Monaco (prom. le 6 décembre 1865).	739
2 —	D Pêche fluviale (prom. le 28 décembre 1865)	740
2 —	D. Pêche fluviale (prom. le 28 décembre 1865).	741
5 —	D. concernant les étudiants en médecine qui se signalent pendant le choléra (prom. le 19 février 1866).	742
5 —	D. Typhus contagieux des bêtes à cornes (prom. le 7 décembre 1865)	743
30 —	D. Ecole d'arts et métiers (prom. le 1er février 1866). . . .	744

DATES.	TITRES DES LOIS.	Nos du Supplément.
	1866	
13 janv.	D. Convention littéraire avec le Hanovre (prom. le 24 janvier 1866)	745
13 —	D. Listes électorales (prom. le 29 janvier 1866).	746
27 —	D. Convention littéraire avec la principauté de Lippe (prom. le 1er février 1866).	747
27 —	D. Convention littéraire avec le duché d'Anhalt (prom. le 1er février 1866)	748
27 —	D. Convention littéraire avec la principauté de Schaumbourg-Lippe (prom. le 1er février 1866).	749
31 —	D. Durée du travail dans les ateliers de filature de soie (prom. le 19 février 1866).	750
3 février.	D. Convention littéraire avec le grand-duché de Luxembourg (prom. le 9 février 1866)	751
14 —	D. Aumôniers militaires (prom. le 28 février 1866). . . .	752
28 —	D. Trésoriers-payeurs généraux. Pensions de retraite (prom. le 12 mars 1866 . .	753
3 mars.	D. Vente de marchandises en gros aux enchères publiques (prom. le 15 mars 1866)	754
17 —	D. Juridiction, juges de paix de l'Algérie (prom. le 31 mars 1866)	755
24 —	D. Ressort de diverses justices de paix d'Algérie (prom. le 31 mars 1866)	756
24 —	D. Mariage des condamnés transportés dans les colonies françaises (prom. le 2 mai 1866)	757
28 —	D. Écoles primaires (prom. le 19 avril 1866)	758
28 —	D. Organisation de l'enseignement secondaire spécial (prom. le 26 avril 1866) .	759
28 —	D. L'enseignement secondaire spécial (prom. le 26 avril 1866).	760
11 avril.	D. Navigation des embouchures du Danube (prom. le 20 avril 1866)	761
21 —	D. École impériale vétérinaire (prom. le 26 avril 1866) . .	762
7 —	D. Dépôts et magasins d'huiles et magasins d'huiles minérales ou autres hydrocarbures (prom. le 12 mai 1866)	763
18 —	D. Compétence du juge de paix de Koléah (prom. le 22 avril 1866)	764
21 —	D. État des personnes et naturalisation en Algérie (prom. le 12 mai 1866)	765
	1866	
9 mai.	L. Forges, fourneaux, usines et minières (prom. le 17 mai 1866)	766
16 —	L. relative aux instruments de musique mécanique (prom. le 25 mai 1866)	767
19 —	L. sur la marine marchande (prom. le 12 juin 1866).	768
8 juin.	D. Marine marchande (prom. le 12 juin 1866)	769
9 —	D. Salaire des conservateurs d'hypothèques (prom. le 28 juillet 1866)	770
13 —	L. 13 juin 1866. Usages commerciaux (prom. le 20 juin 1866)	771
23 —	D. Mesures sanitaires applicables aux arrivages en patente brute (prom. le 3 juillet 1866)	772
27 —	L. concernant les crimes, les délits et les contraventions commis à l'étranger (prom. le 3 juillet 1866)	773
27 —	D. Redevance proportionnelle des mines (prom. le 1866).	774
30 —	L. Typhus contagieux des bêtes à cornes (prom. le 6 juillet 1866)	775
30 —	D. Juridiction des commissaires civils en Algérie (prom. le 14 juillet 1866)	776
2 juillet.	D. Écoles normales primaires.	777
4 —	S.-C. Modification à la constitution des colonies de la Martinique, de la Guadeloupe et de la Réunion (prom. le 10 juillet 1866).	778
11 —	L. sur l'amortissement (prom. le 14 juillet 1866)	779
14 —	L. Droits des héritiers et des ayants droit des auteurs (prom. le 19 juillet 1866).	780
14 —	D. Purge des hypothèques (prom. le 17 août 1866). .	781
18 —	S.-C. modifiant la Constitution (prom. le 22 juillet 1866).	782
18 —	L. Conseils généraux (prom. le 24 juillet 1866)	783
18 —	L. Courtiers de commerce (prom. le 24 juillet 1866).	784
18 —	L. de finances (prom. le 25 juillet 1866).	785
18 août.	D. concernant les Français faisant partie de la légion romaine (prom. le 13 septembre 1866)	786
19 sept.	D. Gratification pour la reprise des condamnés évadés (prom. le 8 octobre 1866). .	787
19 mars 1864-11 oct. 1866.	D. impérial concernant les auditeurs de 1re classe près la Cour des comptes (prom. le 11 octobre 1866). . . .	788

169. Au-dessous du titre contributions indirectes, *inscrire* . . . S. n° 773.
275. En marge de l'art. 3, § 5 de la loi du 9 juin 1853, *inscrire*. . S. n° 753.
277. En marge de l'art. 35 de la loi du 9 juin 1853, *inscrire*. . . . S. n° 753.
285. Au bas de la section, *inscrire* . . . . S. n° 753.
296. En marge de l'ordonnance du 11 novembre 1829, *inscrire*. . . S. n° 789.
320. En marge de l'art. 13 du décret du 31 décemb. 1853, *inscrire*.. S. n° 758.
326. Au bas de la section, *inscrire*. . . . . S. n°s 742, 758, 777.
336. En marge du titre de l'ordonn. du 1er septemb. 1825, *inscrire*. S. n° 762.
337. En marge de l'art. 12 de la loi du 1er septembre 1825, *inscrire*. S. n° 762.
337. En marge de l'art. 9 de l'ordonn. du 1er septemb. 1825, *inscrire*. S. n° 335.
342. En marge du tableau annexé à la loi du 8 juillet 1850, *inscrire*. S. n° 724.
349. Au bas de la section, *inscrire*. . . . . S. n° 742, 762, 724.
366. Au bas de la section, *inscrire*. . . . . S. n° 752.
406. En marge de l'art. 5 du décret du 16 mars 1852, *inscrire*. . S. n° 43.
428. En marge de l'arrêté du 4 novembre 1848, *inscrire*. . . . . S. n°s 719, 720.
437. En marge des art. 13, 14, 15, 16 du S.C. du 3 mai 1854, *inscrire*. S. n° 777.
438. Au bas de la section, *inscrire*. S. n°s 731, 768, 755, 756, 765, 768, 769, 776, 778.

Supplément de 1857.

1. En marge du décret du 23 octobre 1856 (n° 42), *inscrire*. . . S. n° 788.
21. En marge de l'art. 13 de la loi du 23 juin 1857, *inscrire*.. . . S. n° 785.

Supplément de 1858.

18. En marge du tableau B et du tableau C., *inscrire*. . . . . . S. n° 785, art. 20.

Supplément de 1860.

19. En marge du décret du 30 juin 1860 (n° 239), *inscrire*. S. n° 774.
25. Inscrire en marge de l'article 18 de la loi du 26 juillet 1860.. . S. n° 785.

Supplément de 1861.

9. En marge de l'art. 62 du décret du 3 février 1861, *inscrire*. . S. n° 782.
5. En marge du décret du 12 décembre 1860 (n° 327), *inscrire*. . . S. n° 788.

Supplément de 1863.

20. En marge du tableau annexé au décret du 30 mai 1863, *inscrire*. S. n° 754.

Supplément de 1864.

14. En marge de l'art. 3 du décret du 23 janvier 1864, *inscrire*. . S. n° 785.

Supplément de 1865.

10. En marge de l'art. 9 de la loi du 31 mai 1865, *inscrire*. . . S. n° 729.
10. En marge du § 2 de l'art. 10 de la loi du 31 mai 1865, *inscrire*. S. n° 740.
10. En marge de l'art. 10 de la loi du 31 mai 1865, *inscrire*. . . S. n° 741.
14. En marge de la loi du 21 juin 1865, *inscrire*. . . . . . S. n° 759.
14. En marge de la loi du 21 juin 1865, *inscrire*. . . . . . . S. n° 760.
15. En marge de la loi du 21 juin 1865, *inscrire*.. . . . . . S. n° 737.
19. En marge de l'art. 5 du S. C. du 14 juillet 1865, *inscrire*. . . S. n° 765.

Table alphabétique.

2. En marge du mot Actes de l'état civil, *inscrire*. . . . . . S. n° 757.
3. En marge du mot Algérie, *inscrire*. S. n°s 719, 720, 731, 755, 756, 764, 765, 768, 769, 776.
3. En marge du mot Affiches, *inscrire*. . . . . S. n° 785.
4. En marge du mot Amortissement, *inscrire* . . . . S. n° 779, art. 4.
5. En marge du mot Atelier, *inscrire*. . . . . S. n° 750.
6. En marge du mot Aumôniers, *inscrire* . . . . S. n° 752.
6. En marge du mot Auteur, *inscrire*. . . . . S. n° 780.
8. En marge du mot Bestiaux, *inscrire* . . . . S. n° 732, 743, 775.
9. En marge du mot Boissons, *inscrire* . . . . S. n° 785. art. 5.
13. En marge des mots Chancellerie consulaire, *inscrire* . . . . S. n° 736.
15. En marge du mot Colonies, *inscrire* . S. n°s 755, 756, 764, 768, art. 7, 768, 769, 778.
18. En marge des mots Condamnés aux travaux forcés, *inscrire* . S. n° 757.
18. En marge des mots Conseil général de departement, *inscrire*. . S. n° 783.
19. En marge du mot Constitution, *inscrire* . . . . S. n° 782.
19. En marge des mots Conservateurs des hypothèques, *inscrire*. . S. n° 770.

Pages.

4 20. En marge du mot Contraventions, *inscrire* . . . . S. n° 773.
21. En marge du mot Patentes (contributions directes), *inscrire*.. S. n° 785, art. 20.
25. En marge du mot Sucres, *inscrire* . . . . S. n° 768.
26. En marge des mots Corps législatif, *inscrire* . . . . . . S. n° 782.
27. En marge des mots Cours des comptes, *inscrire*. . . . . . S. n° 788.
28. En marge du mot Courtiers, *inscrire*. . . . . S. n° 784.
29. En marge du mot Crime, *inscrire* . . . . S. n° 773.
31. En marge du mot Délit, *inscrire* . . . . S n° 773.
33. En marge du mot Députés, *inscrire*. . . . . S. n° 782.
36. En marge du mot Douanes, *inscrire*. . . . . S. n° 739.
41. En marge des mots Ecoles d'arts et métiers, *inscrire* . . . . S. n° 744.
41. En marge des mots Ecoles communales, *inscrire* . . . . . S. n° 758.
42. En marge des mots Ecole vétérinaire, *inscrire*. . . . . . S. n° 762.
42. En marge des mots Ecole des Chartes, *inscrire*. . . . . . S. n° 789.
42. En marge des mots Ecoles normales primaires, *inscrire*. . . S. n° 777.
44. En marge des mots Engagements militaires, *inscrire*. . . . S. n° 765.
47. En marge des mots Enregistrement, procès-verbaux, *inscrire* . S. n° 723.
47. En marge du mot Enseignement, *inscrire*. . . . . S. nos , 759, 760.
49. En marge des mots Etablissements dangereux et insalubres, *inscrire* . . . . S. n° 730.
49. En marge des mots Etablissements dangereux et insalubres, *inscrire* . . . . S. n° 763.
49. En marge des mots Etranger, naturalisation, *inscrire*. . . . S. n° 765.
54. En marge du mot Fourneaux, *inscrire*. . . . . S. n° 766.
55. En marge du mot Francisation, *inscrire*. . . . . S. n° 768.
55. En marge des mots Français, qualité, *inscrire* . . . . . . S. n° 786.
57. En marge du mot Gendarme, *inscrire*. . . . . S. n° 721.
58. En marge du mot Gratification, *inscrire* . . . . S. n° 787.
60. En marge du mot Huile, *inscrire* . . . . S. n° 763.
61. En marge du mot Hypothèques, *inscrire*. . . . . S. n° 781.
64. En marge des mots Instruction publique, *inscrire* . . . . . S. nos 758, 759, 766
67. En marge des mots Juges de paix, *inscrire* . . . . S. nos 755, 756.
69. En marge des mots Listes Electorales, *inscrire*. . . . . . S. n° 745.
71. En marge du mot Marchandises, *inscrire*. . . . . S. nos 723, 754.
72. En marge du mot Mariage, *inscrire* . . . . S. nos 721, 757.
72. En marge des mots Marine marchande, *inscrire*. . . . . . S. nos 768, 769.
73. En marge du mot Médecine, *inscrire* . . . . S. n° 742.
74. En marge du mot Militaires, état civil, *inscrire* . . . . . . S. n° 721.
74. En marge du mot Mines, *inscrire* . . . . S. n° 766, 774.
76. En marge du mot Navigation maritime, *inscrire*. . . . . . S. n° 761.
76. En marge du mot Naturalisation *inscrire*. . . . . S. n° 765.
76. En marge du mot Musique, *inscrire* . . . . S. n° 767.
82. En marge des mots Pêche fluviale, *inscrire*. . . . . . . S. nos 740, 741.
82. En marge du mot Pension, *inscrire*. . . . . S. n° 753.
83. En marge des mots Pistolets de poche, *inscrire* . . . . . . S. n° 728.
83. En marge du mot Petition, *inscrire* . . . . S. n° 782.
86. En marge du mot Préfecture, *inscrire*. . . . . S. n° 735.
88. En marge des mots Prêt à intérêt, *inscrire* . . . . S. nos 719, 720.
91. En marge des mots Propriété des œuvres d'art, *inscrire*.n. S. nos 733, 747, 748, 749, 751.
91. En marge des mots Propriété des œuvres d'art et d'esprit, *inscrire*. . . . . S. n° 745.
91. En marge des mots Propriété littéraire, *inscrire*. . . . . . S. n° 780.
93. En marge des mots Receveurs généraux, *inscrire* . . . . . S. n° 733, 738.
94. En marge du mot Régence, *inscrire* . . . . S. n° 722.
95. En marge des mots Rengagements militaires, *inscrire*. . . . S. n° 765.
99. En marge du mot Salaire et des mots Saisies immobilières, *inscrire* . . . . S. n° 770.
99. En marge du mot Salubrité, *inscrire* . . . . S. n° 772.
103. En marge du mot Substances vénéneuses, *inscrire*. . . . . S. n° 724.
105. En marge du mot Timbre, *inscrire*. . . . . S. n° 785, art. 4.
106. En marge du mot Traités, *inscrire*. . . . . S. n° 734.
106. En marge du mot Tonnage, *inscrire* . . . . S. n° 768.
107. En marge du mot Travail, *inscrire*. . . . . S. n° 750.
107. En marge du mot Travaux forcés, *inscrire* . . . . S. n° 757.
109. En marge du mot Usines, *inscrire*. . . . . S. n° 766.
109. En marge du mot Ventes, *inscrire*. . . . . S. n° 771.

www.ingramcontent.com/pod-product-compliance
Lightning Source LLC
LaVergne TN
LVHW021647170726
843501LV00007B/2458
* 9 7 8 2 3 2 9 6 5 1 7 3 6 *